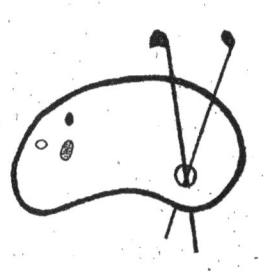

DEBUT D'UNE SERIE DE DOCUMENTS EN COULEUR

Couverture inférieure manquante

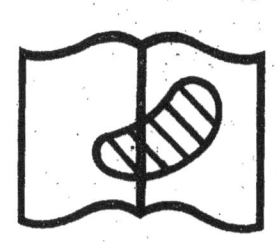

Illisibilité partielle

VALABLE POUR TOUT OU PARTIE DU DOCUMENT REPRODUIT

ANNALES DU MUSEE GUIMET

BIBLIOTHÈQUE DE VULGARISATION

TOME TRENTE-TROISIÈME

LES PHASES SUCCESSIVES DE L'Histoire des Religions

CONFÉRENCES FAITES au COLLÈGE de FRANCE

PAR

Jean RÉVILLE

PARIS
ERNEST LEROUX, ÉDITEUR
28, RUE BONAPARTE, VI°

1909

ERNEST LEROUX, ÉDITEUR
RUE BONAPARTE, 28

ANNALES DU MUSÉE GUIMET

GRANDE BIBLIOTHÈQUE
SÉRIE IN-4°
33 Volumes

Derniers Volumes parus :

XXVIII, XXIX. HISTOIRE DE LA SÉPULTURE ET DES FUNÉRAILLES DANS L'ANCIENNE ÉGYPTE, par E. Amélineau. I et II. 2 tomes in-4° illustrés et accompagnés de 112 planches.................... 60 fr.

XXX. NOTES SUR ANTINOË. In-4°, figures dans le texte, 24 planches hors texte..................... 39 fr.

XXXI. Première partie : SI-LING. Étude sur les tombeaux de l'Ouest de la dynastie des Ts'ing par le Commandant Fonssagrives. Un beau volume in-4°, illustré de gravures et planches en noir, en chromotypographie et en chromolithographie................ 30 fr.

Deuxième partie : LE SIAM ANCIEN. Archéologie, épigraphie, géographie, par Lucien Fournereau. Seconde partie. In-4°, 48 planches............... 30 fr.

XXXII. CATALOGUE DU MUSÉE GUIMET. GALERIE ÉGYPTIENNE. Stèles, Bas-reliefs, Monuments divers, par A. Moret. In-4°, 66 planches en un carton.. 25 fr.

XXXIII. CATALOGUE DU MUSÉE GUIMET. CYLINDRES ORIENTAUX, par L. Delaporte. I...............

ANNALES DU MUSÉE GUIMET
REVUE DE L'HISTOIRE DES RELIGIONS
1880-1909

60 volumes in-8°............................ 600 fr.

ANNALES DU MUSÉE GUIMET
BIBLIOTHÈQUE D'ART

LI-LONG-MIEN.............................. 40 fr.
OKOMA, ROMAN JAPONAIS, illustré, par F. Regamey
SI-LING..................................

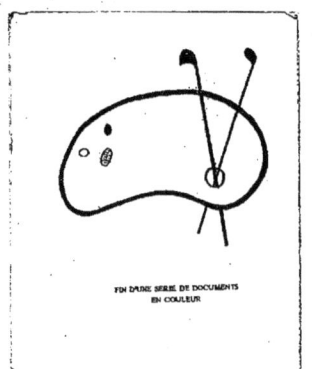

ANNALES DU MUSÉE GUIMET

BIBLIOTHÈQUE DE VULGARISATION

Tome XXXIII

LES PHASES SUCCESSIVES

DE

L'HISTOIRE DES RELIGIONS

Chalon-s-S., Imprimerie française et orientale E. BERTRAND

LES PHASES SUCCESSIVES
DE
L'HISTOIRE DES RELIGIONS

CONFÉRENCES
FAITES AU COLLÈGE DE FRANCE
(2ᵉ semestre 1907)

PAR

Jean RÉVILLE

PARIS
ERNEST LEROUX, ÉDITEUR
28, RUE BONAPARTE, VIᵉ

1909

AVERTISSEMENT

M. Jean Réville avait été nommé professeur au Collège de France en mars 1907. Le 6 mai 1908, il s'éteignait à la suite d'une courte maladie.

Des quelques mois que dura son enseignement, il avait consacré les premiers (de mars à juin 1907) à une étude des phases successives de l'Histoire des religions. En novembre, il entreprenait l'examen, dans les religions antiques, des origines du syncrétisme des premiers âges chrétiens. Il ne reste malheureusement que des notes éparses de ce second cours, que vint interrompre la mort.

M. Jean Réville avait à peu près rédigé le premier de ces deux cours en vue de l'impression et c'est celui qui est publié ici.

Rédaction qui, dans son esprit, n'avait rien d'absolument définitif : pour notre regretté maître, un travail, si arrêtée qu'en parût la forme, continuait à évoluer, à s'enrichir au cours de ses autres travaux, de ses lectures, de ses réflexions. Ce cours, il ne l'avait pas laissé dormir dans le cahier où ses disciples et ses amis l'ont retrouvé. Il l'avait, durant les mois qui précédèrent sa fatale maladie, complété sans cesse de notes marginales dont nous avons fait rentrer quelques-unes dans le texte. Çà et là, il se posait à lui-même des points d'interrogation, indiquait des développements qui lui paraissaient nécessaires, notait les aspects nouveaux qu'il jugeait prévaloir dans la science des religions, les déplacements de ses propres points de vue. Quelques-unes de ces notes font, en leur concision, revivre devant nous cet esprit si loyal et si simple qui, sans jamais vouloir s'adonner au jeu facile et bruyant des « méthodes », chercha sans relâche à s'assimiler de nouveaux modes d'investigation critique : p. 222, « *à rajouter ici la nécessité de développer l'étude psychologique des religions* »; p. 213, « *à signaler ici le rôle de la magie* », etc. D'autres portent la marque de sa belle probité pédagogique : p. 113, « *Si ces leçons sont publiées, il faudra développer toute cette partie qui a paru trop concentrée à l'auditoire.* »

Ce contact intime qu'il aimait prendre avec son auditoire, cette illustration concrète qu'il ajoutait à son cours dans ces « pauses » où, sur un ton de causerie, Jean Réville livrait familièrement les richesses de son érudition et de son expérience des réalités religieuses — cela, ces notes l'évoquent pour nous, et il est hélas trop certain que le lecteur ne le retrouvera pas ici.

Pourtant nous offrons au public ce livre avec pleine confiance, et M. Guimet qui, du vivant même de son auteur, en avait décidé la publication, l'a volontiers fait entrer, sous sa forme actuelle, dans la « Bibliothèque de vulgarisation ». Sa place y était marquée. En un temps où l'histoire des religions séduit ou tout au moins attire tant d'esprits inégalement informés, un livre manquait où fût exposée l' « histoire » de cette histoire, de ses méthodes, de ses conquêtes.

De bonne heure, Jean Réville se spécialisa dans l'étude des origines chrétiennes ; il s'y était acquis un sûr renom, mais ne s'y était pas cantonné. Pendant vingt-quatre ans, il a dirigé la *Revue de l'Histoire des Religions*, en choisissant ou en orientant les travaux de ses collaborateurs et les siens propres de façon à leur faire embrasser un champ de plus en plus étendu. A maintes reprises, il utilisa, dans des cours ou des articles, les résultats systématisés de ce vaste labeur d'analyse : de 1899 à 1906, il fit à la Faculté de théologie protestante de Paris un cours d'histoire générale des religions ; au Congrès des arts et des sciences de l'Exposition de

Saint-Louis, il présentait un mémoire sur les progrès de l'histoire ecclésiastique au XIX° siècle, mémoire où se retrouvait en partie la matière d'un cours, professé par lui à l'École des Hautes Études, en 1902-1903, sur la critique religieuse du XVI° siècle au XX°. Les auditeurs des conférences dominicales du Musée Guimet se souviennent de leçons nombreuses, sur le Mithriacisme, l'Antichrist, les Prophètes d'Israël, Babylone et la Bible, les récentes méthodes en histoire des religions, où la clarté et la variété des aperçus les familiarisaient sans effort avec des questions réputées inaccessibles.

Ces essais ont abouti au cours du Collège de France que nous publions aujourd'hui et que Jean Réville considérait comme une introduction nécessaire à tout exposé pédagogique d'histoire des religions. Malgré la précision et le nombre des faits, des analyses d'œuvres, des jugements critiques qu'on y trouvera, il faudrait se garder de ne voir dans ce livre qu'un manuel d'historiographie religieuse. Des méthodes proposées, utilisées ou abandonnées depuis que l'on s'occupe de science des religions, Jean Réville nous donne ici l'analyse impartiale et aussi la philosophie, ou tout au moins le bilan de leur conquête propre dans le progrès humain.

Ce livre est rigoureusement conforme au manuscrit laissé par M. Réville. Tout au plus avons-nous eu — d'ailleurs en un très petit nombre d'endroits — à compléter certaines références bibliographiques. Nous y avons été aidés par le zèle pieux d'une famille attentive à recueillir les émouvants souvenirs d'un labeur qui se confondait si étroitement avec la vie même du cher disparu.

P. Alphandéry. F. Macler.

Mai 1909.

INTRODUCTION

Mesdames et Messieurs,

Ma première parole en abordant cet enseignement doit être une parole de reconnaissance envers le Chef de l'État qui m'a nommé, envers le Ministre qui m'a élu, envers l'Académie des Sciences morales et politiques et envers l'Assemblée des professeurs du Collège de France, qui m'ont l'une et l'autre présenté en première ligne au choix de M. le Ministre. Ce m'est un grand honneur et une précieuse consécration de vingt-cinq années de labeur, d'être admis à professer dans cette auguste maison, qui reste, malgré toutes les transformations de notre enseignement supérieur, le sanctuaire de la science libre, désin-

---

1. Cet avant-propos est la reproduction de la leçon d'ouverture du Cours d'Histoire des Religions au Collège de France, prononcée le 17 avril 1907, et déjà publiée dans la *Revue de l'Histoire des Religions*, N° de mars-avril 1907, p. 188-207. Nous n'avons pas cru devoir maintenir la division de ce cours en leçons, qui ne concordait pas toujours exactement avec la division en chapitres.

téressée, dégagée de tout programme pédagogique, de tous examens et de tous concours, et qui se doit à elle-même, par privilège de naissance, de demeurer au cours des siècles le temple de la renaissance perpétuelle des lettres et des sciences.

Vous comprendrez aisément, Mesdames et Messieurs, qu'à la solennité d'une leçon d'ouverture se joigne pour moi aujourd'hui une émotion toute particulière, au moment de prendre possession de la chaire occupée pendant vingt-six ans par mon père. La plupart d'entre vous l'ont connu, ont suivi ses cours avec une fidélité qui est à leur honneur comme au sien ; je crois pouvoir ajouter que beaucoup d'entre vous demeurent attachés à sa mémoire par des liens d'affectueuse reconnaissance. Vos cœurs, j'en suis assuré, font écho à ma piété filiale.

Ce n'est pas à moi d'apprécier l'œuvre qu'il a accomplie. D'autres et de plus autorisés l'ont fait, dans les discours qui ont été prononcés à ses obsèques ou dans des articles de revues, notamment dans la biographie si complète et si consciencieuse de mon jeune ami et collaborateur, Paul Alphandéry. Mais s'il ne m'appartient pas de juger ce que la science des religions et la cause de la liberté spirituelle lui doivent, je ne saurais me dispenser de dire ici publiquement ce que je dois à celui qui a été, en même temps que mon père, mon initiateur à la vie de l'esprit, le maître dont il m'a été doux de m'inspirer. Car en payant ainsi à sa mémoire la dette de ma reconnaissance, j'affirme par cela même le ferme dessein de maintenir dans cet enseignement la pleine liberté spirituelle, la généreuse tolérance, la passion désintéressée de la vérité, la scrupuleuse fidélité à la conscience scientifique dont il nous a donné l'exemple et qu'il me sera d'autant plus facile de perpétuer que dès mes premières années j'ai été élevé par lui dans ces principes. Il sera souvent question, dans nos leçons, du culte des morts ; la forme moderne de ce culte, c'est d'honorer nos morts en nous inspirant de ce qu'il y a de meilleur dans leur esprit et dans leurs exemples.

Voilà pourquoi j'ai peine à comprendre

1.

ceux qui prétendent que l'on ne peut pas traiter de l'histoire religieuse avec la même impartialité que de toute autre histoire. J'ai toujours vécu dans un milieu où l'on se sentait parfaitement libre à l'égard de tout esprit dogmatique et j'ai toujours usé, dans mon enseignement et dans mes publications, de la plus complète indépendance de jugement, sans me préoccuper si les conclusions auxquelles m'amenaient mes recherches historiques et critiques étaient favorables ou défavorables à telle thèse théologique ou philosophique. En inaugurant mon enseignement au Collège de France, je n'ai donc pas à changer de ton et en quelque sorte, à me laïciser. Je me suis toujours senti en pleine liberté spirituelle.

Pas plus demain que par le passé la chaire d'histoire des religions du Collège de France ne sera au service d'une confession déterminée ni d'une religion particulière. S'il y a un ordre d'études, Messieurs, qui soit propre à ouvrir les esprits, à tuer tout levain sectaire, à fortifier en nous une large tolérance, c'est assurément l'histoire des religions. Comment voulez-vous qu'un homme de bon sens voie défiler constamment tant de religions diverses, tant de dogmatismes qui se contredisent réciproquement, tant d'institutions qui se sont proclamées éternelles et qui sont tombées à leur tour dans le gouffre du passé, tant de révolutions religieuses après lesquelles on a déclaré que c'en était fait de la religion, du salut de l'homme individuel et de la société, — sans apprendre qu'il n'y a pas d'infaillibilité en religion, pas d'orthodoxie immuable, pas de réalisation religieuse définitive, que la négation de la veille devient l'affirmation du lendemain, que les formes religieuses comme les autres formes de la vie spirituelle de l'humanité n'ont qu'une valeur relative, temporaire, locale, et que l'intolérance, avant même d'être un vice, est tout d'abord une preuve d'ignorance et de sottise ?

Mais la tolérance n'implique pas le dédain. Cette même histoire des religions qui nous enseigne qu'il n'y a aucune forme religieuse déterminée pouvant prétendre à une valeur absolue, nous apprend, d'autre part, que la religion, sous ses formes infiniment variées, a toujours joué un rôle capital dans la vie individuelle et sociale des hommes et qu'il faut fermer les yeux à l'évidence pour ne pas reconnaître en elle un des facteurs essentiels de la destinée humaine. Quand j'étudie les peuples de civilisation primitive, je constate que leur vie tout entière est dominée et déterminée par des conceptions et des pratiques religieuses ; quand je passe à la cité antique, je constate que le lien de la cité, de la nation, comme jadis celui du clan ou de la tribu, est un lien religieux et que les rites religieux sont étroitement mêlés à tous les actes de la vie privée et publique ; quand je porte mes regards vers les grandes civilisations de l'Orient, je constate que ce qui les distingue respectivement, ce sont leurs religions et que l'histoire religieuse seule procure l'intelligence de leur histoire générale ; quand je reviens vers ce coin privilégié du monde où nous vivons, vers l'Europe, je constate que c'est la lutte entre une religion nouvelle et les religions antérieures en laquelle s'achève la société antique, que plus tard c'est la religion qui se fait l'agent de la civilisation commençante auprès des barbares, que c'est le duel entre les deux grandes religions monothéistes qui domine l'histoire du moyen âge, qu'à la Renaissance l'effort de l'esprit nouveau aboutit à un grand drame religieux, que la vie tout entière de notre société occidentale a été pénétrée de religion pendant dix-sept siècles et que depuis deux siècles le grand, le vrai conflit qui se déroule à travers les vicissitudes de notre histoire contemporaine, c'est celui des institutions religieuses traditionnelles et de l'esprit moderne scientifique et démocratique,— et il se trouverait un seul homme réfléchi pour conclure de là que les phénomènes religieux ne sont qu'un ramassis de superstitions, d'erreurs ou d'absurdités et que la religion est une forme sans valeur de la vie humaine ? Qu'on en pense ce que l'on voudra, en bien ou en mal, mais en vérité que l'on ne s'insurge pas contre le témoignage écrasant du passé tout entier de l'humanité en déclarant que ce n'est rien du tout et qu'il n'y a plus là un objet d'études digne de la science moderne !

Ce n'est donc pas en vertu d'un préjugé confessionnel quelconque ni par une sorte de tare héréditaire que je crois à la valeur de la religion dans la vie individuelle et dans la vie sociale; c'est à cause des études mêmes auxquelles je me consacre depuis que j'ai l'âge de raison. Bien loin de redouter que ces études paraissent vaines et sans objet pour n'importe quel esprit capable d'un peu de calme réflexion, je suis tout au contraire effrayé de leur complexité et de leur immensité. L'histoire des religions ! c'est l'histoire de l'humanité entière, l'histoire de l'âme humaine depuis ses origines, dans le travail incessant de ses aspirations les plus sacrées et de ses besoins les plus profonds, avec la variété infinie des institutions, des croyances et des pratiques par lesquelles, à travers le temps et l'espace, elle a cherché à leur donner satisfaction. Tâche vertigineuse et qui dépasse singulièrement les forces et les capacités d'un seul homme !

Remarquez, en effet, que le titre de cette chaire n'est pas : « Histoire de la religion », ni « Mythologie comparée », ni même « Histoire *comparée* des religions ». Il est aussi vaste que possible. On nous demande, non pas simplement de nous livrer à des considérations philosophiques sur l'évolution de la religion dans le monde, correspondant à ce que les Allemands appellent « Religionsphilosophie », — ni de nous borner à comparer les mythes des religions et à rechercher les lois de ces formations mythiques, — ni même uniquement de comparer entre elles les doctrines et les institutions des diverses religions pour en reconnaître la valeur relative, les analogies et les différences. Tout cela, nous avons le droit de le faire, puisque tout cela rentre par un côté quelconque dans l'histoire des religions. Mais cela n'épuise pas la tâche gigantesque à laquelle on nous convie. Car nous avons à faire tout d'abord de l'histoire, à retracer l'histoire *des* religions, de toutes les religions sous leurs multiples aspects. Notre mission est avant tout *historique*, avant d'être philosophique ou psychologique. Il pourrait y avoir à côté de cette chaire d'autres enseignements de *Philosophie de la religion* et de *Psychologie religieuse* sans faire à aucun titre double emploi avec celui-ci.

La généralité même de cette mission nous

instruit de nos devoirs. Et il importe que nous nous expliquions nettement dès le début à cet égard, afin d'éviter des malentendus. Je disais, il y a un instant, que l'étude historique de toutes les religions est une tâche qui dépasse les forces d'un seul homme, fût-il le plus savant du monde. Oui, certes, infiniment. L'histoire est devenue aujourd'hui une science précise, science morale bien entendu qui n'a pas le privilège de pouvoir se livrer à l'expérimentation comme les sciences physiques et chimiques, mais qui repose cependant sur l'observation exacte des faits et en une certaine mesure sur l'expérience. Elle comporte la recherche et la collation de tous les documents qui se rapportent au sujet étudié, l'analyse minutieuse et précise de ces documents, que ce soient des objets matériels, des monuments, des inscriptions ou des textes littéraires. Ces témoignages doivent être étudiés par l'historien directement, dans leur langue originale, replacés autant que possible dans le milieu géographique, social et mental auquel ils ressortissent. Quiconque a fait des recherches historiques personnelles sait par expérience quel effort considérable de travail et quelle dépense de temps exige la moindre enquête historique, menée suivant la méthode critique et les procédés techniques de la science moderne.

Aussi la spécialisation du travail est-elle devenue de plus en plus nécessaire dans le champ des études historiques, comme dans tous les autres domaines de la science moderne et dans l'industrie elle-même. Plus une industrie se développe, plus elle se subdivise en spécialités. Non seulement il est impossible aujourd'hui à un seul homme d'étudier scientifiquement l'histoire de l'Extrême-Orient en même temps que l'histoire de notre moyen âge européen, parce qu'il faut pour ces deux ordres d'études historiques des préparations philologiques et des initiations érudites compliquées, absolument étrangères l'une à l'autre; mais dans les compartiments mêmes de l'histoire où le travail commencé depuis plus longtemps est déjà plus avancé, il devient de plus en plus indispensable de se spécialiser dans une case particulière. Ainsi, pour prendre un exemple sur un domaine qui m'est familier, je mets en fait qu'il est très difficile aujourd'hui à un historien ecclésiastique de faire des travaux originaux, de première main et conformes aux exigences de la science moderne, à la fois sur l'histoire des origines du christianisme, sur l'histoire de l'Église au moyen âge et sur l'histoire religieuse des pays chrétiens modernes. A combien plus forte raison est-il impossible au même travailleur, d'étudier à la fois, d'une étude directe et personnelle, les religions de la Chine pour lesquelles il faut être un sinologue, celles de l'Égypte qui réclament un égyptologue et celles de l'Europe primitive qui réclament un celtisant ou un germanisant!

Est-ce à dire pour cela qu'il faille renoncer à s'occuper de l'histoire des religions ? Je vous prie de croire que si telle était ma conviction, je n'aurais pas postulé l'honneur d'occuper cette chaire, malgré tout l'attrait que peut offrir l'admission dans la docte assemblée du Collège de France. La spécialisation toujours plus étroitement délimitée est assurément une des conditions de la production scientifique moderne, mais elle ne suffit pas à la science et tout particulièrement aux sciences morales. J'oserai même dire que, privée de tout contrepoids, elle aboutit sans doute à un enrichissement des connaissances, mais aussi à un appauvrissement de l'esprit humain. Vous avez peut-être connu tel de ces ouvriers d'industrie, qui, fort de son habileté consommée à accomplir telle ou telle opération technique, déclare volontiers que l'on pourrait très bien se passer des ingénieurs, parce que ceux-ci ne possèdent pas au même degré que lui le coup de main professionnel dans la partie dont il s'occupe. Faute de culture scientifique, ce spécialiste de l'industrie ne voit pas que si le perfectionnement dans l'exécution des pièces est nécessaire au progrès de la production, il ne se peut réaliser et il ne peut porter ses fruits qu'à la condition que des intelligences plus compréhensives coordonnent les divers éléments de la fabrication et la vivifient constamment par l'application des découvertes scientifiques ou industrielles, opérées ailleurs. En histoire, comme dans l'industrie, la spécialisation exclusive rétrécit singulièrement l'horizon et finit par fausser le sens de la réalité sous prétexte de la serrer de plus près. A côté des études minutieuses, directes et de première main, à côté des études *spécialisées*, il y a place pour d'autres travaux d'un caractère moins exclusivement analytique, pour des études synthétiques, qui relient les unes aux autres les données fournies par les recherches spéciales et les éclairent les unes par les autres, qui les mettent en valeur et leur restituent leurs véritables proportions en leur assignant leur place dans un ensemble plus important. Pour faire la carte d'un pays il faut évidemment tout d'abord des relevés topographiques nombreux, précis, opérés par une quantité de travailleurs localisés en des points spéciaux. Mais chacun de ces relevés topographiques locaux ne prendra sa valeur réelle qu'à la condition d'être juxtaposé aux autres, et la simple juxtaposition de ces morceaux de carte ne suffira pas encore à donner l'intelligence du relief de ce pays, de la distribution des eaux, des variétés du sol et de toutes les conséquences que ces particularités locales entraînent pour la répartition des industries humaines dans ce pays. Il faudra pour cela que les relevés locaux soient non seulement juxtaposés, mais coordonnés et interprétés, c'est-à-dire qu'un travail de synthèse dégage de toutes ces analyses locales les enseignements qu'elles contiennent.

En histoire, de même, il faut superposer aux reconstitutions locales et strictement délimitées dans le temps, des coordinations de ces relevés historiques primaires, qui en dégagent la valeur et la signification, les rétablissent dans l'enchaînement des temps et dans la connexion des synchronismes d'où on les avait isolés afin de les mieux étudier. A l'histoire purement analytique, il faut joindre l'histoire synthétique, qui reconstruit avec les éléments de l'analyse, qui étudie ensuite les synthèses premières pour les grouper en synthèses plus générales. En termes plus simples, il ne suffit pas de voir la réalité de près pour la bien connaître, il faut encore la voir de haut pour la bien comprendre. Et c'est cela après tout qui nous importe le plus.

Il est intéressant à coup sûr de savoir exactement ce qu'a été Ramsès II et ce qu'a été Socrate, en eux-mêmes et pour eux-mêmes ; mais il y a ensuite quelque chose qui nous importe plus encore, c'est de savoir ce qu'ils ont été pour l'humanité, quelle est leur place et leur valeur dans l'évolution. Chaque être ne vaut réellement qu'en fonction de sa valeur humaine.

Renoncer à l'histoire générale et synthétique, sous prétexte que seule l'histoire analytique et spécialisée permet une connaissance sérieuse et scientifique du passé, ce n'est pas seulement à mon sens une erreur, dans la mesure où je viens de montrer que leur concours est nécessaire à l'intelligence de la réalité, c'est encore nous priver de ce qu'il y a de plus intéressant et de plus instructif dans l'enseignement historique. L'histoire du droit, l'histoire de l'art, l'histoire des idées morales, l'histoire de la philosophie disparaîtraient de ce chef au même titre que l'histoire des religions. Sans doute nous avons à nous mettre en garde contre un retour offensif de l'histoire fantaisiste, toute d'intuition et d'éloquence, quand elle n'était pas toute de routine et de paresse, dont notre enseignement supérieur a pâti durant une partie du XIXe siècle,

Les recherches précises, spéciales, méthodiques, rigoureusement critiques, doivent rester la base même de nos études ; c'est là un fait acquis, l'évidence même pour quiconque a la moindre expérience du travail historique. Mais si, par réaction contre une erreur dont nous avons trop souffert, nous tombions dans l'extrême contraire, de ne plus considérer comme digne d'être objet d'enseignement que l'érudition toute pragmatique de la spécialisation à outrance, si nous perdions de vue que, dans l'intérêt même de l'histoire, il faut qu'elle soit une science de synthèse aussi bien que d'analyse, nous aboutirions suivant la forte expression du grand savant, de l'esprit universel que le Collège de France a eu la douleur de perdre récemment, à une véritable mutilation de notre enseignement supérieur.

*
* *

Il m'a paru indispensable, Mesdames et Messieurs, de justifier la raison d'être d'un enseignement de caractère général comme celui-ci, parce que dans l'état actuel des esprits elle n'est pas généralement comprise. Je me suis senti d'autant plus à l'aise pour soutenir cette thèse ici, que l'Assemblée des professeurs du Collège de France l'a sanctionnée à une très grande majorité, en repoussant diverses propositions tendant à la suppression de l'histoire des religions sur ses programmes, pour lui substituer l'une ou l'autre des disciplines plus spécialisées qui n'y figurent pas encore.

Cette explication préalable était nécessaire aussi pour me permettre de justifier devant vous la manière dont je comprends l'enseignement auquel je suis appelé. Je n'aurai pas la prétention d'étudier ici avec l'autorité du spécialiste, c'est-à-dire de première main et par une analyse directe et personnelle des documents, chacune des nombreuses religions de l'humanité, pour la simple et bonne raison que c'est impossible à un seul et même professeur. Et quand même ce serait possible, ce serait inutile, puisque la plupart de ces religions sont étudiées, justement dans leur spécialité, au Collège de France même, par des maîtres éminents dont je me sens infiniment honoré de devenir le collègue ; la religion égyptienne, par exemple, dans le cours de *Philologie et d'archéologie égyptiennes*, la religion d'Israël dans le cours de *Langue et littérature hébraïques*, la religion chinoise dans le cours de *Langue et littérature chinoises*, etc.

Je n'entends pas davantage me borner à exposer ici l'histoire de ces religions ou de ces périodes de l'histoire religieuse, sur lesquelles j'ai fait des recherches personnelles et qui constituent à un titre quelconque ma spécialité dans le vaste domaine de l'histoire des religions. Je ne veux même pas me cantonner dans une province de cette histoire, comme on est trop souvent disposé à le faire parmi mes confrères, par exemple dans la *mythologie comparée*, comme si l'histoire des religions tenait tout entière dans l'étude comparée des mythes et des mythologies, alors que les mythes ne sont qu'un des éléments de la vie religieuse de l'humanité, le plus pittoresque peut-être, mais assurément pas le plus important ni même toujours le plus spécifiquement religieux ; — ou encore dans les religions des peuples non civilisés, comme si l'étude des formes simples et relativement primitives de l'évolution religieuse pouvait nous dispenser de rechercher dans les formes supérieures, plus complexes sans doute, mais aussi singulièrement plus riches et plus accomplies, les enseignements qu'elles fournissent sur le sens, la portée et la valeur de cette évolution dans les phases ultérieures de son développement.

Mon ambition et — si j'ai bien compris la nature propre de ce cours d'Histoire des religions — mon devoir, c'est d'utiliser les travaux accomplis dans chacun des cantons particuliers de l'histoire religieuse : religions sémitiques, religions de l'Égypte, religions de la Chine, de l'Inde, de l'Europe primitive, etc., comme autant de documents, autant de matériaux pouvant servir à la construction d'une histoire plus vaste, où ces différentes religions soient rétablies les unes à l'égard des autres dans leurs relations historiques, s'il y en a eu, ou placées en regard les unes des autres, de manière à faire ressortir leurs influences respectives dans les milieux divers où elles ont agi. Ces matériaux, je serai le plus souvent obligé de les prendre tels qu'ils me seront fournis par les maîtres qui les auront extraits et façonnés. Ce ne sera cependant pas à l'aveuglette, sans aucun contrôle. La véritable méthode historique, en effet, la méthode dite critique est la même partout. Quand on l'a pratiquée soi-même en une partie quelconque de l'histoire, on acquiert par cette pratique même une certaine aptitude à discerner si elle a été bien dûment appliquée ailleurs. Qu'il surgisse, par exemple, telle affaire juridique particulièrement obscure et embrouillée ; il n'est pas nécessaire d'être soi-même jurisconsulte ou avocat de profession pour être capable de reconnaître qu'il y a eu des erreurs de fait ou d'appréciation dans l'enquête ou dans l'instruction. L'habitude de la critique historique permettra à des érudits, à des historiens, à des philologues, dont les études personnelles portent sur de tout autres questions, de discerner la mauvaise qualité des pièces de l'instruction, plus rapidement et plus sûrement que les professionnels du Palais.

Cette pratique de la méthode historique

critique, j'ajouterais volontiers qu'il n'y a pas de meilleure école pour l'acquérir que l'étude des origines du christianisme, à laquelle je me suis attaché plus particulièrement dans mes travaux personnels. Nulle part ailleurs, en effet, il n'y a de documents qui aient été davantage scrutés et fouillés dans tous les sens depuis plus de cent ans, par des générations d'érudits et d'historiens, passionnément attachés à cette enquête et obligés à d'autant plus de rigueur dans leurs travaux qu'ils étaient continuellement surveillés par des érudits, non moins fortement préparés, mais préoccupés en même temps de sauvegarder des interprétations traditionnelles ou des intérêts confessionnels. La critique des plus anciens documents littéraires chrétiens a engendré la critique historique et, aujourd'hui encore, elle en est une des formes les plus actives et les plus répandues.

Nous ne sommes donc pas livrés sans garantie aucune à la bonne foi de ceux que je me permettrai d'appeler, sans aucune intention désobligeante, les fournisseurs de l'histoire générale des religions. Nous les contrôlerons dans la mesure de nos forces; nous bénéficierons surtout du contrôle qu'ils exercent eux-mêmes les uns sur les autres. Car à une époque comme la nôtre, où l'histoire jouit de toutes les faveurs du monde savant, nous ne sommes plus réduits à accueillir comme parole d'évangile les assertions d'un spécialiste unique en n'importe quel sujet; ils sont chaque jour plus nombreux et, sans vouloir médire du caractère des érudits, nous pouvons bien reconnaître discrètement qu'ils ne sont pas d'une indulgence à toute épreuve à l'égard des confrères qui ont commis quelque bévue ou qui ne jugent pas les choses comme eux.

Enfin, Mesdames et Messieurs, nous n'avons pas non plus la prétention de faire ici œuvre définitive ni infaillible. Nous ne ferons pas ici d'histoire dogmatique ou doctrinaire. Les constructions de l'histoire synthétique sont relatives, toujours révisables, à mesure que surgissent des documents nouveaux ou que les anciens sont plus complètement compris. Nous vous proposerons ce qui nous paraît être la vérité historique, mais en vous invitant sans cesse à la contrôler vous-mêmes. Car il n'y a de vérité pour chacun de nous que celle qu'il a conquise lui-même et qu'il peut se justifier à lui-même.

* * *

Sous le bénéfice de ces observations, que je vous devais pour vous renseigner sur la manière dont je comprends ma tâche et sur les conditions dans lesquelles je me propose de l'accomplir, j'ai l'intention de consacrer les quelques leçons de ce semestre d'été à étudier rapidement avec vous les phases successives de l'Histoire des religions jusqu'à nos jours, à passer en revue les principales écoles qui se sont succédé dans cette science encore jeune, mais qui a déjà été victime à plusieurs reprises de l'esprit de système, de la part des théoriciens de la révélation surnaturelle aussi bien que des partisans de la religion naturelle, des métaphysiciens et des romantiques, des symbolistes et des évhéméristes, des philologues et des anthropologistes. Nous verrons ce qu'elle doit à chacune de ces écoles, la part de vérité qu'il y a en chacune d'elles, et nous y apprendrons surtout à n'être d'aucune école fermée et systématique, à nous défier de ces gens qui prétendent ouvrir toutes les portes avec une seule clef, parce qu'ils forcent les serrures partout où leur clef ne fonctionne pas. Nous y apprendrons à être simplement et uniquement historiens, prêts à appliquer tous les systèmes là où ils sont applicables, mais à n'en imposer aucun, sachant bien que la réalité vivante est infiniment plus variée que tous nos systèmes.

Puis, après cette seconde introduction, plus vaste que la simple leçon d'aujourd'hui, nous aborderons l'automne prochain ce que j'appellerai l'étude des *affluents religieux du monde antique*, c'est-à-dire l'analyse et la synthèse de tous les facteurs religieux qui, dans l'antiquité, ont abouti dans l'Empire romain à la constitution de la mentalité religieuse et du corps de doctrines et d'institutions, sur lesquelles notre monde occidental a vécu jusqu'à l'avènement de la science dans les temps modernes. Religions sémitiques primitives, religion de l'Égypte, religion assyro-chaldéenne, religion d'Israël, Judaïsme, Mazdéisme, religions grecques, philosophie religieuse grecque, Christianisme évangélique, religions syriennes et phrygiennes, gnosticisme évolutionniste ou dualiste, tous ces éléments ont concouru, en des mesures diverses, mais tous à un degré quelconque, à la constitution du syncrétisme religieux de l'Empire romain et par contre-coup à la constitution de la religion chrétienne telle qu'elle s'est élaborée dans l'Empire romain. Quels sont ces éléments, en quelle mesure et à quels moments et de quelle manière ont-ils agi les uns sur les autres et finalement contribué à la résultante que l'histoire nous fait connaître ? Voilà le vaste programme que j'aurais l'ambition de remplir avec vous, si vous me demeurez fidèles, au cours des années suivantes. Ce n'est rien moins qu'une histoire synthétique des religions du monde antique, considérée comme la préparation historique de ce qui deviendra la base du développement religieux dans la civilisation du moyen âge et des temps modernes. Je sens tout ce qu'une pareille entreprise peut avoir de présomptueux, mais je suis très convaincu que c'est actuellement une œuvre nécessaire et que l'état des connaissances acquises sur les religions du monde antique la rend possible. Car s'il y a une vérité qui se dégage bien nettement aujourd'hui de l'étude critique des antiquités chrétiennes, c'est bien celle-ci que le Christianisme historique, j'entends non pas le Christianisme des évangiles synoptiques ou de Jésus de Galilée, mais le Christianisme tel qu'il s'est constitué dans les quatre premiers siècles de son existence, n'a pas seulement ses origines dans le Judaïsme, mais non moins dans l'hellénisme et dans les religions orientales qui ont agi sur lui, soit directement, soit par l'intermédiaire du Judaïsme. A la lumière nouvelle de l'histoire des religions, l'histoire des origines et de la formation du Christianisme c'est l'histoire religieuse du monde antique tout entier, telle qu'elle s'est déroulée autour du bassin oriental de la Méditerranée, de Ninive à Rome, de Babylone à Thèbes, de Jérusalem à Athènes, des hauts plateaux de la Phrygie à Alexandrie.

Dans cette vaste exposition historique je m'attacherai à mettre en lumière ce qui est spécifiquement religieux. Et par là je n'entends pas seulement que je me bornerai à l'histoire religieuse des divers foyers de civilisation que je viens d'énumérer, en laissant de côté ce qui dans l'histoire du monde antique n'a pas de valeur pour l'intelligence de ses religions diverses. Cela va de soi. Ce que j'ai l'ambition de faire — tout en ne me dissimulant pas, combien il est le plus souvent délicat de prétendre à évoquer la vie de dessous les décombres du passé — c'est de pénétrer jusqu'aux sentiments et aux émotions qui ont engendré les multiples manifestations de la religion chez les populations dont il s'agit et jusqu'aux expériences intimes qui en ont fait la valeur pour elle.

Rites et mythes, doctrines et institutions, croyances et pratiques, autant d'expressions différentes dans lesquelles se traduit la religion et à travers lesquelles seules nous pouvons arriver à la connaître. Mais, quelle que soit leur importance, l'historien n'a pas achevé sa tâche, quand à l'aide des témoignages conservés il a reconstitué leur teneur exacte. Il lui manque encore quelque chose, et ce quelque chose, c'est justement cela même qui a fait que les rites ont été pratiqués, souvent à grands frais et au prix de lourds sacrifices, avec une dévotion inusitée pour d'autres coutumes, que les mythes ont été non pas simplement des fables sollicitant l'imagination, mais des conceptions chères à l'âme et revêtues d'un caractère sacré, que les doctrines sont devenues l'objet d'une adhésion fervente à un tout autre titre que n'importe quel enseignement philosophique, que les institutions sont devenues à tel point précieuses pour leurs adhérents qu'ils les ont entourées de toute leur vénération et d'une consécration à toute épreuve ; ce quelque chose, c'est, Mesdames et Messieurs, ce qui est spécifiquement religieux en eux.

Voilà ce qu'à mon sens on oublie trop souvent quand on fait de l'histoire des religions. On étudie les phénomènes religieux du dehors, comme un peintre qui reproduirait le corps humain, mais qui ne peut rendre la sensibilité nerveuse ni la puissance motrice dont ce corps est animé et qui, après tout, en constituent la valeur, — ou bien encore comme un anatomiste qui dissèque un cadavre, mais qui ne semblerait pas se douter que dans ce corps mort il y a eu un cœur dont les battements assuraient la vie. Cette étude du dehors est nécessaire assurément. Elle n'est pas suffisante à elle seule. C'est dans l'âme humaine qu'il faut chercher l'explication dernière et véritable des phénomènes religieux, dans l'imagination, dans le cœur, dans la raison, dans la conscience, dans les instincts et dans les passions. Il y a dans l'homme un instinct religieux, des besoins religieux, des aspirations religieuses et dans la mesure où les produits de son imagination, les créations de son esprit, les appels de sa conscience, les données de son jugement répondent à cet instinct, à ces besoins et à ces aspirations d'une nature spéciale, dans la même mesure, les mythes, les doctrines, les rites, les pratiques et les institutions acquièrent une valeur religieuse.

Ces rites, ces doctrines, ces institutions, ont été partout et toujours conditionnés par l'état général de la civilisation où ils ont pris naissance. Ils correspondent, lorsqu'ils se forment, à l'état des connaissances, à l'état des mœurs et aux conditions sociales du milieu qui les produit : les mythes des amours ou des métamorphoses de Zeus ne se formeront pas dans l'entourage de Socrate ou de Périclès et la religion, toute d'intellectualisme moral, de Kant ou le spiritualisme religieux de Channing et de Théodore Parker ne se constituent pas chez des non-civilisés. Mais combien n'y a-t-il pas, à chaque époque, d'usages, de doctrines, de groupements sociaux qui se forment de la même manière que les rites, les croyances, et les institutions de la religion et qui n'acquièrent à aucun titre de valeur religieuse ! Pour qu'ils acquièrent cette valeur, il faut qu'il s'y ajoute l'élément proprement religieux, c'est-à-dire il faut qu'ils donnent satisfaction aux besoins religieux de la nature humaine. Alors ils prennent un caractère sacré ; ils jouissent d'un pouvoir et d'une autorité qui leur assure une durée bien supérieure à celle des autres usages, idées ou groupements sociaux. La civilisation pourra progresser autour d'eux, s'élever à un niveau bien supérieur à celui qui correspond à leur naissance ; par leur puissance religieuse ils survivront, alors même qu'ils ne correspondent plus à l'état nouveau des connaissances, des mœurs et des conditions sociales. Cependant ils ne sont pas éternels. Il arrive un moment de l'évolution où d'autres pratiques, d'autres doctrines, d'autres institutions, plus adéquates à la civilisation plus avancée, réussissent à donner aux mêmes besoins religieux de l'âme humaine des satisfactions supérieures. Dès lors seulement celles-ci prennent à leur tour un caractère sacré, et alors seulement elles parviennent à se substituer aux formes traditionnelles de la religion.

Les rites, les doctrines, les institutions religieuses, quoique plus durables que les autres, ne sont donc eux aussi que des expressions changeantes, locales et temporaires, de la religion. Et ce qu'il s'agit pour l'historien des religions de découvrir, c'est comment et pourquoi ces expressions correspondent ou cessent de correspondre aux besoins religieux de la nature humaine dans les phases successives de son évolution. Ce n'est pas seulement à cause de leur valeur intrinsèque, puisque nous voyons aux époques les plus diverses des croyances condamnées par la raison et des institutions ou des pratiques devenues étrangères à la conscience du temps, conserver leur vitalité religieuse. C'est encore et surtout à cause de leur valeur proprement religieuse, parce qu'elles paraissent, malgré tout, pouvoir seules assurer des satisfactions religieuses, en répondant à ce besoin de relations vivantes avec les puissances ou avec la puissance dont l'homme sent plus ou moins obscurément l'action dans l'univers. L'univers est vivant : voilà ce que l'homme a senti instinctivement, ou d'une façon plus rationnelle, à toutes les phases de son développement, depuis le primitif pour lequel le monde est limité au rayon de sa vue jusqu'à l'homme moderne auquel l'astronomie a ouvert l'infini du télescope et la biologie l'infini du microscope. Il y a, il doit y avoir des rapports, des relations entre l'homme et les puissances vivantes qui agissent dans cet univers, voilà ce que l'homme a cru instinctivement, avant même toute réflexion, et voilà ce qui l'a fait tantôt trembler de crainte, tantôt frémir de joie, tantôt maudire et tantôt adorer, tantôt s'élancer avec impétuosité vers les puissances surhumaines qu'il a cru reconnaître, tantôt se recueillir dans la contemplation muette du mystère. Voilà ce qui l'a poussé sans cesse à chercher auprès des puissances de vie ou de la puissance de vie, suivant son degré de réflexion philosophique, des garanties, des appuis ou des secours pour sa propre vie, par des moyens infiniment variés, suivant des conceptions infiniment diverses, mais en dernière analyse toujours pour se procurer un supplément de vie physique ou morale.

Dans toutes nos études nous aurons donc à nous demander sans cesse : non pas seulement, quels ont été les rites ? quelles ont été les doctrines ? quelles ont été les institutions ? mais également : en quoi ces rites, ces doctrines, ces institutions ont-ils apporté au besoin religieux de l'homme une satisfaction qui en fût pour lui la justification ? En d'autres termes : quelle en a été la valeur religieuse ? non pas pour nous, bien entendu, d'après notre propre jugement — gardons-nous bien de retomber dans l'erreur du XVIIIe siècle de prétendre tout ramener à notre raison et à notre jugement, qui sont évidemment déterminés par les conditions dans lesquelles nous vivons — mais pour ceux qui les ont acceptés et pratiqués, parce que de leur temps, dans leur milieu, dans les conditions où ils vivaient, ils y ont trouvé la satisfaction dont ils avaient besoin.

C'est là une tâche délicate sans doute, puisqu'il faut, pour l'accomplir, se remettre soi-même au point de vue des hommes du passé, s'introduire en quelque sorte dans leur personnalité, *sich hineinleben* comme disent les Allemands, non seulement pour les comprendre d'une façon intellectuelle, mais encore pour arriver à revivre avec eux les expériences intimes, les sentiments, les émotions qu'ils ont éprouvés. L'histoire de la vie religieuse et morale de l'humanité est à ce prix. Elle exige une certaine dose de cette divination réclamée déjà chez l'historien par l'illustre maître qui a administré pendant de longues années ce Collège de France, qui a révélé à notre pays le puissant intérêt de l'histoire des religions et dont l'esprit plane encore sur nos études. Elle exige surtout une grande dose de sympathie pour le drame religieux qui se déroule tout le long des annales de l'humanité, puisqu'en pareille matière nous ne pouvons vraiment comprendre que ce que nous sommes capables d'éprouver nous-mêmes.

Oui, Mesdames et Messieurs, tout comprendre dans la vie religieuse de l'humanité, voilà le but à atteindre, sous cette réserve, bien entendu, que comprendre ce n'est pas par cela même approuver. Je puis arriver à comprendre parfaitement les mobiles qui ont déterminé un misérable à commettre un assassinat ; cela ne comporte pas une approbation, mais simplement une explication de son acte. Nous n'avons pas à nous ériger ici en tribunal d'arbitrage entre les diverses religions du passé, encore bien moins entre les religions du présent, leurs amis et leurs adversaires. C'est là matière à jugements individuels, qui ne sont plus du ressort de l'histoire, et que chacun de mes auditeurs pourra formuler pour son usage particulier. Comme historien, nous avons pour devoir, non seulement de constater, mais de comprendre et de faire comprendre. Comprendre tous les sentiments, toutes les émotions, toutes les terreurs et toutes les joies, toutes les révoltes et toutes les résignations, dont les différentes religions du passé nous offrent l'incessant spectacle, tel est l'idéal dont je voudrais m'inspirer. Tout comprendre, même les horreurs, les superstitions les plus abjectes à nos yeux, les atrocités qui nous révoltent, comprendre comment et pourquoi les hommes du passé, vivant dans un autre milieu que nous, ont pu y trouver de tragiques satisfactions ! Comprendre le serviteur de Melkarth qui jetait son enfant dans le sein embrasé de son dieu aussi bien que la prière de Cléanthe, les litanies indigestes du rituel de la Rome antique aussi bien que les explosions morales d'un Amos et d'un Osée, la mélancolie résignée de Marc-Aurèle aussi bien que la confiance ineffablement joyeuse de Jésus de Nazareth au Père céleste, la soif de délivrance du Bouddha aussi bien que la radieuse figure de Phoebus Apollon, les horreurs de l'Inquisition aussi bien que la douce piété de l'*Imitation de Jésus-Christ*, — voilà à quoi je tendrai de toutes les énergies dont je suis capable, m'efforçant ainsi de ne pas être trop indigne de celui qui m'a laissé son œuvre à continuer.

CHAPITRE PREMIER

L'HISTOIRE DES RELIGIONS DANS L'ANTIQUITÉ

Dans la leçon d'ouverture, je me suis expliqué sur le caractère et la nature du cours d'Histoire des religions et j'ai indiqué dans quel esprit je compte donner ici cet enseignement.

Je voudrais consacrer le petit nombre de leçons que comporte le semestre d'été à décrire les phases successives de l'Histoire des religions.

C'est une habitude assez générale dans l'enseignement de commencer par une revue des travaux antérieurs sur la question que l'on se propose de traiter. Cette pratique se justifie pleinement. Il faut savoir ce qui a été déjà fait avant de rechercher ce qui reste à faire.

Dans un enseignement aussi général que le

nôtre, il ne saurait s'agir de passer en revue tous les travaux particuliers qui rentrent dans l'ordre de nos études. Ce serait un fastidieux catalogue, sans unité et sans utilité. Mais il y a, par contre, un très grand intérêt à se rendre compte de quelle manière ces études ont été menées jusqu'à présent, quelles méthodes spéciales y ont été appliquées, quelles tendances y ont successivement prévalu, quels procédés de recherches y ont été employés et quels résultats ils ont produits, — ne fût-ce que pour éviter les erreurs commises et pour ne pas s'engager à nouveau sur les pistes qui ont été reconnues trompeuses.

Une étude rétrospective de ce genre est d'autant plus nécessaire qu'elle n'a pas encore été faite d'une façon complète et que vous en chercheriez vainement l'équivalent dans les livres[1]. C'est la véritable introduction à l'enseignement des années subséquentes, puisqu'elle nous permettra de nous expliquer sur toutes

---

1. A noter cependant les articles de Hardy : *Zur Geschichte der vergleichenden Religionsforschung*, dans *Archiv für Religionswissenschaft*, 1901, pp. 45-66 et 97-135 ; les livres de Goblet d'Alviella, *Introduction à l'histoire générale des Religions*, 1887 (partic. p. 31-36); Jastrow, *The study of Religion*, 1901 ; Jordan, *Comparative Religion*, 1905.

sortes de questions de méthode ou de principes sur lesquelles nous devons être fixés.

C'est donc bien d'une introduction à l'histoire générale des religions qu'il va s'agir dans les leçons de ce semestre.

Eh quoi! se diront peut-être quelques-uns de mes auditeurs : est-il possible de parler déjà d'un passé de l'histoire des religions? On nous a répété à mainte reprise que c'est une science toute récente, voire même encore en formation, l'un des produits les plus authentiques de l'esprit moderne! Les jeunes gens n'ont pas d'histoire.

Assurément l'histoire des religions, la science des religions, telle que nous l'entendons et la pratiquons aujourd'hui est une dicipline toute moderne. Mais de nos jours tout va vite. Il y a des jeunes gens qui ont déjà traversé toute une évolution spirituelle et, même ceux qui n'ont pas d'histoire, ont des ancêtres.

Il n'y a guère plus d'une trentaine d'années que les premières chaires d'histoire des religions ont été créées dans les Universités hollandaises, qui furent les premières à en avoir. Et cependant diverses écoles se sont déjà succédé dans le petit monde de l'histoire des religions. Nous aurons à les étudier.

Mais ce serait une grave erreur de s'imaginer que l'humanité ait attendu jusqu'au milieu du XIXᵉ siècle pour s'occuper de l'étude des religions. Si elle ne l'a pas fait plus tôt sous la forme universaliste, strictement scientifique, que nous avons la prétention d'avoir établie dans les temps modernes, elle l'a fait sous d'autres formes, plus limitées, moins scientifiques à nos yeux, mais qui, en leur temps, parurent le dernier mot de la sagesse et de la raison, et qui furent aux yeux de l'historien impartial des préparations nécessaires à l'étude scientifique telle que nous l'entendons.

Dès le XVIIIᵉ siècle, des lettrés, des savants, des philosophes ont étudié les religions et ébauché, sur leurs origines et leur développement, des théories qui ont joui d'une grande autorité et dont il ne serait pas difficile de retrouver encore de nos jours les échos dans la philosophie des religions de beaucoup de braves gens, qui sont traditionnalistes à leur manière, tout en se croyant parfois des esprits très avancés.

Depuis la Renaissance et depuis les grandes

controverses religieuses provoquées par la Réformation du XVIe siècle, l'étude historique de certaines religions, spécialement du christianisme et du judaïsme, a été menée avec un zèle extrême par les ordres monastiques en France et par les Académies et les Facultés de théologie protestantes de France, d'Allemagne et de Hollande. Les grands travaux historiques issus de cette source sont légion et constituent encore aujourd'hui l'apport le plus considérable à l'histoire religieuse du passé de notre monde occidental. Ce n'est pas parce que nous ne partageons plus aujourd'hui les idées des Bénédictins ou des Oratoriens ni celles des professeurs des écoles protestantes d'autrefois, que nous avons le droit de méconnaître que leurs patients et admirables travaux d'érudition ont été le solide fondement de l'histoire religieuse de nos populations européennes.

Mais les antécédents de l'histoire des religions remontent bien plus loin encore dans le passé. A dire vrai, dès que l'humanité a commencé à se connaître dans la variété de ses formes religieuses et que l'esprit philosophique s'est éveillé en elle, elle ne s'est pas bornée à spéculer sur la religion, mais, au moins chez ses représentants les plus cultivés et les plus éveillés, elle a aussi cherché à se rendre compte des raisons de ces variétés religieuses, de leur sens et de leur portée.

Il est sans intérêt pour nous de rechercher ici ce qu'il en a été dans certaines grandes civilisations demeurées étrangères à la nôtre (par exemple en Chine, où l'étude du passé religieux a joué un si grand rôle). Car ces ébauches d'histoire religieuse n'ont exercé aucune action dans notre monde occidental. Nous pouvons borner notre revue au monde antique pour la poursuivre de là jusqu'à nos jours.

Y a-t-il eu une histoire des religions dans le monde antique? Oui et non.— Non, en ce sens que les anciens n'ont jamais eu clairement le sens de l'histoire telle que nous l'entendons aujourd'hui, histoire critique, fortement documentée, sachant voir et juger les choses du passé au point de vue des hommes du passé et non pas au point de vue des contemporains de l'historien. — Oui, en un certain sens et à partir d'une certaine époque de la civilisation grecque, lorsque les philosophes ont voulu s'expliquer la genèse et la valeur des traditions religieuses de leur race, et, plus tard, lorsque des esprits curieux ont voulu se rendre compte de la nature des religions autres que la leur.

En principe le polythéisme municipal ou national des anciens n'est pas favorable à l'étude des religions étrangères. Chaque localité, chaque cité, chaque peuple avait ses dieux propres; Cicéron encore dit comme une évidence : *Sua cuique civitati religio, Laeli, est; nostra nobis* (Pro Flacco, 28). Cela paraissait normal, aussi naturel que d'avoir ses magistrats particuliers, ou ses impôts. De même, l'auteur du livre des Juges (XI, 24) trouve tout naturel que Camosh soit le dieu de Moab et Jahveh celui d'Israël. De même les catholiques modernes trouvent tout naturel que tel saint soit honoré en son pays et non en un autre (p. ex. saint Janvier à Naples; saint Népomuk à Prague). On n'éprouvait aucun besoin d'en rechercher les raisons.

Et quand par hasard les anciens rencontraient en pays étrangers des dieux qu'ils ne connaissaient pas et qu'ils voulussent les faire connaître à leurs compatriotes, ils ne s'attardaient pas à en rechercher les origines ou la nature : ils se bornaient à les identifier avec tel ou tel de leurs propres dieux, par exemple les divers Baals syriens avec leur Jupiter, le Lug gaulois avec Mercure, la Tanith carthaginoise avec Juno coelestis, — le plus souvent d'après certaines analogies extérieures dans leurs représentations figurées ou dans leur culte[1]. — A l'origine, sans doute, simple comparaison comme nous pourrions dire d'une femme : c'est une Messaline, une Sappho ; mais plus tard ce furent de véritables identifications, procédant d'une sorte de sentiment instinctif que les différentes divinités n'étaient que des personnifications diverses de phénomènes naturels ou de puissances surhumaines en réalité identiques. Et dans cette conception il y avait une part de vérité. La science moderne des religions, en analysant l'origine de ces divinités, a fréquemment confirmé ces intuitions des anciens, en prouvant que ces divinités, originairement indépendantes les unes des autres, étaient cependant des personnifications des même phénomènes naturels ou des mêmes concepts.

1. Cela suffisait à faire comprendre ce qu'étaient ces dieux. Il n'y a là aucune idée scientifique, mais un procédé purement pratique.

Mais n'anticipons pas. En réalité, l'horizon des peuples de l'antiquité est extrêmement borné avant les guerres médiques et surtout avant les conquêtes d'Alexandre. Nous n'avons pas de témoignages attestant que les écoles sacerdotales d'Égypte et de Chaldée, qui se livrèrent à de grandes spéculations théologiques, se soient préoccupées des religions autres que la leur. L'épopée militaire d'Alexandre le Grand (334-323) ouvre une période nouvelle dans l'histoire de la civilisation antique. Elle fit définitivement passer d'Orient en Occident le foyer de la civilisation, brisa les barrières qui séparaient les diverses civilisations antérieures, ouvrit pour les peuples, depuis le bassin de l'Euphrate jusqu'en Europe, l'ère des relations régulières et continues, et, en faisant pénétrer l'esprit grec dans toute cette vaste région, elle permit le rapprochement et la pénétration réciproque des produits matériels et spirituels. La conquête romaine plus tard fit le reste.

Pour ce qui nous concerne, il y a un double mouvement à observer dans l'élite de la société grecque, puis gréco-romaine, à l'égard des religions : d'une part, une curiosité scientifique qui pousse quelques hommes d'études à faire des recherches sur les traditions et les antiquités religieuses de leur pays d'abord, mais aussi parfois des pays étrangers ; — d'autre part, le besoin de s'expliquer leurs traditions et leurs antiquités d'une façon satisfaisante pour l'esprit de leur temps.

I. Le plus ancien représentant de la première tendance, c'est HÉRODOTE, que l'on a appelé le père de l'histoire et qui, jusqu'à un certain point, mérite d'être appelé le père de l'histoire des religions. Dans le IIe livre, l'Égypte, dans le Ier et ailleurs, nous avons des renseignements sur les temples, les dieux, les pratiques religieuses des Chaldéens, des Perses et d'autres peuples qu'il rencontre sur sa route ; il est crédule, il ne peut être accepté que sous bénéfice de contrôle, mais il n'en témoigne pas moins d'un intérêt nouveau pour les particularités religieuses aussi bien que pour les autres, curiosité dont aucune trace n'apparaît avant lui. L'histoire religieuse est encore noyée dans l'histoire générale, mais elle y est déjà [1].

---

1. De même CTÉSIAS (début du IXe siècle), médecin grec à la cour d'Artaxercès Mnémon, écrivit des *Persica* et des *Indica*, dont il ne nous reste que quelques fragments, et où il s'occupait

Il n'eut d'ailleurs guère de successeurs. C'est plus tard seulement que nous trouvons de nouveaux historiens ; il est vrai que nous ne possédons qu'une faible partie de la littérature grecque. Mais le fait est que les philosophes des grandes écoles de la Grèce ne manifestèrent aucun intérêt pour l'histoire[1]. C'est à partir du IIe siècle avant notre ère que l'intérêt pour les antiquités religieuses et autres prend un nouvel essor. Citons ici les principaux témoignages :

D'après Pline, *Hist. nat.*, XXX, 2, 1, Hermippus (environ 200 avant J.-C.) aurait connu les écrits de Zoroastre. Apollodore (milieu du IIe siècle avant J.-C.) a réuni dans les trois livres de sa *Bibliothèque* d'abondants renseignements sur les légendes héroïques. Il traitait sans doute plus largement encore le même sujet dans son ouvrage perdu : Περὶ τῶν παρ' Ἕλλησι μυθολογουμένων θεῶν.

Varron, à Rome (Ier siècle avant J.-C.) com-

aussi des choses religieuses ; mais ces récits sont assez fantaisistes. — Théopompe écrivit des *Philippica* (vers 400), où il s'occupait de la religion des Perses.

1. D'après Diogène de Laerte (Proœm., 8), Aristote se serait occupé de la religion des Mages. Peut-être est-ce Antisthène plutôt qu'Aristote.

pose un grand ouvrage : *Antiquitates rerum humanarum et divinarum*, perdu, connu surtout par les extraits de Saint Augustin dans le 6e livre du *De civitate Dei*.

DIODORE DE SICILE (fin du Ier siècle avant J.-C.), dans sa *Bibliothèque historique* (qui est une histoire universelle), réunit tous les renseignements religieux et autres que ses lectures et ses voyages lui ont fournis sur les pays barbares, surtout en Égypte et en Assyrie, aussi bien que sur les temps héroïques de la Grèce. Il n'a aucun sens critique, mais il a la curiosité érudite. Il vaut ce que valent ses sources.

STRABON, dans sa *Géographie*, et sans doute aussi dans ses *Mémoires historiques* perdus, donne de précieux détails sur la religion, les mœurs, les institutions des différents peuples d'Europe et d'Asie jusqu'en Bactriane.

PLUTARQUE (Ier siècle après J.-C.), JOSÈPHE (fin du Ier siècle après J.-C.) dans ses *Antiquités juives*, ARRIEN (IIe siècle après J.-C.) dans un ouvrage sur l'Inde, et surtout PAUSANIAS (fin du IIe siècle après J.-C.) dans sa *Description de la Grèce*, attachent une importance toute particulière aux antiquités religieuses des diverses provinces grecques.

Dès lors l'intérêt pour les religions de l'Orient et même pour celles des barbares devient général : par exemple chez PHILOSTRATE (III⁰ siècle après J.-C.), qui, dans sa Vie d'*Apollonius de Tyane*, décrit les Brahmanes, les Gymnosophistes), et chez les néo-platoniciens PORPHYRE, JAMBLIQUE, poussés par la controverse chrétienne.

On ne saurait donc prétendre que les anciens ne se soient pas préoccupés de l'histoire de leurs religions, ni de celles des autres peuples. A partir du II⁰ siècle avant notre ère, apparaît une série continue d'ouvrages à nous connus ; et, dans le monde des érudits alexandrins, il y eut sans doute, sous forme de commentaires des auteurs classiques, si intimement associés à la mythologie et aux légendes nationales, de nombreux travaux que nous ne connaissons pas, ou dont nous n'avons plus que l'écho dans les scholiastes. Mais rien de tout cela ne fut méthodique ni pourvu d'un caractère scientifique, parce que la critique historique et le sens proprement dit de l'histoire leur faisaient défaut. Ils faisaient de la chronique sans contrôle ou de l'histoire moralisante ou édifiante. En somme, il n'en est presque rien resté d'utilisable. Zoroastre devient une sorte de grand magicien. Il n'y a pas eu, à notre connaissance, de Grec ou de Romain qui ait éprouvé le besoin de déchiffrer les hiéroglyphes ou les cunéiformes.

II. Il en est tout autrement des nombreux représentants de la deuxième tendance, qui fut infiniment plus répandue et qui prétendait bien réellement à un caractère scientifique : la tendance à expliquer la genèse des traditions religieuses (mythes, légendes et institutions) et à en dégager le sens réel, ou bien intime et profond, qui se trouvait être tout simplement la doctrine de l'interprète lui-même.

En soi, le polythéisme grec, demeuré libre du joug des écoles sacerdotales qui avait pesé sur les religions de l'Égypte ou de la Chaldée, n'ayant été associé à aucun système théologique ni à aucune interprétation orthodoxe, se prêtait admirablement à ce travail.

Le seul système mythologique tant soit peu organique, celui d'HÉSIODE dans sa *Théogonie*, favorisait l'idée qu'il y avait eu des générations successives de dieux issues des mariages de Gaia avec Tartaros puis avec Ouranos, de l'union de leurs enfants Kronos et Rhéa, enfin du fils de ces derniers, Zeus, avec diverses déesses, — qu'il y avait par conséquent une histoire des dieux et qu'il fallait rechercher les événements réels qui se dissimulaient sous cette histoire divine.

Dès que l'esprit philosophique commença à s'éveiller en Grèce[1], il se heurta aux puérilités, aux grossièretés et à l'amoralité complète des traditions mythologiques et rituelles. Il y eut, dès le Ve siècle, chez XÉNOPHANE et HÉRACLITE, chez certains sophistes, un mouvement de révolte contre cette histoire des dieux indigne de la divinité, tendant tout d'abord à la rejeter. CRITIAS considère les dieux comme d'utiles inventions des hommes pour sanctionner les lois et les institutions.

Mais c'est ici que se vérifie ce que nous avons dit plus haut (leçon d'ouverture) sur la force de survivance des doctrines et des institutions religieuses. La critique philosophique ne put pas prévaloir contre l'autorité des poètes et l'empire de la coutume cultuelle. La tradition mythologique et rituelle conserva sa popularité et son caractère sacré. Les esprits réfléchis furent ainsi amenés à rechercher une solution à ce conflit de la tradition religieuse avec la philosophie ou la science de leur temps. Il y en eut

---

1. Cf. Gruppe, *Griechische Culte und Mythen*, t. I, p. 14 et suiv.

un grand nombre, mais on peut les ramener à deux systèmes principaux :

1° L'*évhémérisme*, ainsi nommé d'après Euhemeros, philosophe grec de la fin du IVe siècle avant J.-C., chargé par Cassandre, roi de Macédoine (301-298), de voyages d'explorations, notamment dans l'Océan Indien. Ses écrits perdus nous sont connus en partie par Diodore de Sicile (l. V) et par des auteurs chrétiens qui exploitèrent ses œuvres dans leur lutte contre le paganisme. Sa thèse était que les dieux de la mythologie traditionnelle étaient des princes ou des hommes illustres (des philosophes) divinisés. Il se fondait sur la découverte d'inscriptions retrouvées par lui dans l'île de Panchaïa sur la côte orientale de l'Arabie. C'est peut-être une fiction destinée à donner plus de crédit à sa thèse. Rencontra-t-il au cours de ses voyages quelque rationaliste ou quelque monothéiste juif qui lui suggéra cette doctrine? On ne peut le savoir.

En tout cas, la doctrine eut un grand succès, parce qu'elle apportait une solution simple et qui ne répugnait pas à l'esprit antique, du problème qui tourmentait les esprits réfléchis de la Grèce. Au lieu d'imputer la religion traditionnelle à l'imagination maladive des poètes ou à des inventions capricieuses (Lucrèce), on leur assignait ainsi une origine rationnelle et qui permettait même de les conserver. Mais on a pu constater que sa base historique était extraordinairement faible. C'est de la théorie pure. Cet antique essai d'explication rationnelle et scientifique de l'origine des religions traditionnelles fut accueilli favorablement en Grèce par beaucoup d'épicuriens notamment, et par certains stoïciens. Les écrits d'Euhemeros furent traduits en latin par Ennius, et sa thèse correspondait trop bien à l'esprit positif qui prévalut à Rome pendant les derniers 150 ans de la République et à la dissolution rapide des anciennes croyances pour ne pas avoir un grand crédit dans la haute société romaine d'alors.

Elle a eu des représentants en d'autres temps encore, notamment dans le XIXe siècle en la personne de Herbert Spencer (religion née du culte des ancêtres).

2° L'*interprétation allégorique*. Ce fut la solution première et dernière, celle qui prévalut le plus généralement et finit par demeurer la seule. Elle consiste à distinguer dans les mythes et dans les rites le sens propre, apparent, matériel, et le sens figuré, profond, spirituel. Les poètes et les fondateurs des antiques institutions religieuses ont eu recours à des expressions et à des formes imagées et sensibles pour exprimer des conceptions scientifiques ou philosophiques sous le revêtement de symboles propres à frapper l'imagination des hommes simples, incapables encore de comprendre et de retenir des enseignements abstraits de physique ou de morale.

Dès le Ve siècle, nous voyons Démocrite et Empédocle réduire les dieux à de simples combinaisons des atomes ou des quatre éléments primordiaux, combinaisons supérieures à celles qui ont constitué les hommes. Plus tard Prodicus considère les dieux comme des personnifications de phénomènes naturels.

Platon considère les dieux traditionnels comme des êtres mythiques, mais il les conserve néanmoins, parce que la foule, incapable de s'élever directement à la vérité, a besoin de ces conceptions et de ces pratiques inférieures. Et il crée à son tour les éléments d'une véritable mythologie philosophique.

Mais ce furent surtout les platoniciens éclectiques et les stoïciens de l'époque gréco-romaine qui usèrent et abusèrent de la méthode allégorique. Nous en avons d'admirables exemples dans les écrits de PLUTARQUE, lequel applique cette méthode aux religions étrangères aussi bien qu'aux traditions religieuses de la Grèce [1]. Voir, par exemple, son *De Iside et Osiride* : Osiris, identifié avec Dionysios, représente tout ce qui dans la nature est bienfaisant et salutaire ; pur esprit, il est élevé au-dessus de tout ce qui est matériel. Isis est l'élément réceptif, féminin. Si Osiris est mis à mort et déchiré par Typhon, cela signifie que le corps est mortel, mais l'âme immortelle, que l'esprit et le bien sont en soi indestructibles, mais que leurs manifestations sensibles sont éphémères, etc.

Et tout cela est justifié par des étymologies fantastiques, des considérations philosophiques, religieuses, morales. La seule chose que Plutarque n'essaye même pas de démontrer, c'est que les créateurs, d'ailleurs le plus souvent inconnus, de ces mythes aient eu réellement, historique-

---

1. Plutarque fournit aussi, ch. 46 du même traité, des renseignements sur la religion de Zoroastre et d'autres cultes. Ils ont peut-être été empruntés aux *Philippica* (8ᵉ livre) de Théopompe (40 avant J.-C.).

ment, les pensées qu'on leur attribue. Cela va de soi à ses yeux.

Cette méthode devint classique à l'époque du syncrétisme religieux, au III⁰ siècle, et chez les néoplatoniciens, qui l'appliquèrent constamment dans leur apologétique du paganisme.

Toute cette interprétation allégorique, en effet, procède de la confiance naïve avec laquelle on admet comme une chose évidente que les anciens n'ont pas pu enseigner des choses qui paraissent absurdes aux modernes : c'est dire qu'elle résulte de l'absence de tout sens historique proprement dit. Et cette confiance tient à la vénération que l'on éprouvait pour les traditions religieuses et pour les grands poètes qui les avaient chantées. Ils n'avaient pas pu chanter des histoires grossières, immorales (amours licencieuses, tromperies, métamorphoses animales, colères des dieux, etc.). Donc il devait y avoir autre chose. Ces grands maîtres de l'âme grecque avaient dû connaître la vérité. Il ne s'agissait que de savoir la retrouver. Et chacun d'y introduire sa propre pensée.

Le même phénomène s'est produit chez les Juifs à l'égard des enseignements de leur histoire : dans le judaïsme palestinien et surtout alexandrin; puis, chez les chrétiens de l'antiquité et même des temps modernes (les six jours de la création; Abraham type de l'homme sauvé par la foi, etc.). La méthode allégorique est la grande ressource partout où l'on veut concilier des traditions religieuses sacrées, appartenant à un autre âge, avec des convictions appartenant à un âge d'un développement intellectuel et social plus avancé, — jusqu'à ce qu'enfin l'esprit scientifique et le sens historique nous aient appris qu'il faut replacer les choses et les êtres dans leur milieu pour les comprendre et les apprécier, et que les idées et les croyances des hommes procèdent par évolution, et ne sont pas toujours les mêmes.

Dans l'histoire même des religions au XIXe siècle, nous retrouverons la même méthode chez l'école symboliste. Par d'autres procédés d'un caractère plus scientifique, l'école philologique de mythologie comparée a cru pouvoir reconstituer, elle aussi, les phénomènes naturels dont les anciens mythes ne seraient que l'expression défigurée.

Vous voyez que nous pouvons dire, sans aucune exagération, qu'il y a eu des essais de science et d'histoire des religions dans l'antiquité. Car les alexandrins, les syncrétistes, les néoplatoniciens, qui appliquèrent cette méthode allégorique à l'intelligence des traditions religieuses, pensaient faire bien positivement œuvre de science.

CHAPITRE II

L'HISTOIRE DES RELIGIONS DEPUIS L'AVÈNEMENT DU CHRISTIANISME JUSQU'A L'APPARITION DU RATIONALISME.

La société antique avait abouti ainsi dans l'empire romain au IIe et IIIe siècle à un vaste syncrétisme, où toutes les religions antérieures trouvaient leur place, où l'on prenait intérêt à ces religions des barbares, c'est-à-dire des étrangers, jadis dédaignées, et où l'on retrouvait partout, au moyen de l'interprétation allégorique, des enseignements philosophiques, moraux, religieux, qui n'étaient autres que ceux des interprètes eux-mêmes. On aboutissait ainsi à reconnaître une religion universelle, humaine, sous toutes les variétés religieuses du passé, avec plus ou moins de pureté et de clarté. Ère d'universalisme et de tolérance, excepté à l'égard de la religion qui se refusait à entrer dans cette fraternisation interreligieuse, qui prétendait être la seule vraie, et à laquelle répugnaient tous ces compromis pour sauvegarder des traditions impies et immorales.

Le christianisme, semble-t-il, aurait dû entrer dans cette même voie. Dès le début, grâce à l'apôtre Paul, il avait rompu avec le particularisme juif, et fait appel aux hommes de toute race et de toute provenance religieuse. Il apportait à la société antique les éléments d'une philosophie de l'histoire religieuse. L'apôtre Paul avait enseigné un véritable schéma de l'éducation providentielle de l'humanité, d'abord sans loi, puis sous la loi et enfin sous le régime de la liberté spirituelle, avec la Parousie au bout, c'est-à-dire le royaume de Dieu réalisé, l'âge de la justice et du bonheur au terme de l'évolution, au lieu d'être à l'origine. Le IV⁰ Évangile avait enseigné que le Verbe, l'organe de l'action de Dieu dans le monde, était présent et actif dans le monde dès l'origine ; les premiers docteurs chrétiens étant tout pénétrés de platonisme et de stoïcisme, saluaient en Platon presque un chrétien et ils admettaient que, si la révélation du Verbe n'avait été complète que chez les Juifs et les chrétiens, il y en avait eu cependant des germes ailleurs (le « logos spermatikos » dont parle Justin[1]). Tertullien estimait que l'âme humaine « naturellement chrétienne » l'avait été de tout temps.

Malheureusement l'intransigeance religieuse héritée du judaïsme empêcha le développement de ces éléments de tolérance et de large intelligence du passé religieux. Le Dieu chrétien resta le Dieu jaloux, et l'Église chrétienne, quoiqu'elle n'eût plus aucun caractère national particulariste, se dressa contre les autres religions, ou églises, avec autant d'intolérance que le judaïsme contre les autres nations. Le violent antagonisme entre le monothéisme chrétien et le polythéisme idolâtrique, considéré non seulement comme une erreur, mais comme un péché mortel, se maintint et fut avivé encore par les persécutions que cette attitude intransigeante des chrétiens provoqua.

Les religions païennes, en bloc, étaient considérées comme un tissu d'erreurs et d'immo-

---

1. Cette idée reparaît plus tard encore chez quelques grands esprits : Saint Augustin, *Retract.*, I, 12, 3 : « res ipsa, quæ nunc religio christiana nuncupatur, erat apud antiquos nec defuit ab initio generis humani, quousque Christus veniret in carnem, unde vera religio, quæ jam erat, cœpit appellari christiana ».

ralités, œuvres des ennemis de Dieu, d'hommes pervers dont l'esprit s'est détourné de Dieu sous l'empire des passions et des convoitises (cf. déjà *Épître aux Romains*, I, 18-26)[1], soit plus généralement des démons et du diable — c'est-à-dire des anges déchus — qui ont voulu les détourner de Dieu[2].

A quoi bon alors se préoccuper de ces religions, de leur contenu, de leur histoire, de leur portée ! Cette explication simpliste, toute d'à priori, suffit à tout. Les apologistes d'ailleurs n'ont qu'à puiser à pleines mains dans les écrits des païens eux-mêmes, dans leur théâtre, leurs usages, pour dénoncer les absurdités et les immoralités des mythes et des rites, et avec beaucoup de raison ils se refusent à admettre les interprétations allégoriques. Quant aux enseignements des philosophes sur la religion, les chrétiens se les annexent, en quelque sorte, lorsqu'ils leur conviennent, d'abord en déclarant que les philo-

---

1. « Ayant conscience de Dieu, ils ne l'ont ni glorifié, ni béni comme Dieu, mais ont déraisonné dans leurs raisonnements, et leur cœur dépourvu d'intelligence s'est enveloppé de ténèbres... Aussi Dieu les a-t-il livrés, au milieu des convoitises de leur cœur, à l'impureté », etc.
2. Cf. le même Saint Augustin, cité ci-dessus : *De civitate Dei*, II, 25 ; VIII, 22.

sophes les ont empruntés à la révélation divine (Platon, par ex. à Moïse beaucoup plus ancien); puis surtout en les introduisant à leur tour, par l'interprétation allégorique, dans leurs textes sacrés à eux-mêmes.

Cette interprétation et cette explication historique sont contraires au bon sens autant que dénuées de toute espèce de preuves, mais elles s'imposèrent à l'esprit des premiers chrétiens en vertu du même à priori qui faisait retrouver par les contemporains païens la philosophie païenne ou stoïcienne dans la mythologie grecque. En somme, les chrétiens attribuaient aux démons ce que les païens attribuaient aux dieux et les païens attribuaient aux démons ce que les chrétiens attribuaient à Dieu.

Cet exclusivisme devint général dans le monde occidental avec l'avènement du christianisme. On ne se préoccupait des autres religions que pour les détruire comme des foyers d'erreur et d'immoralité, nuisibles dans cette vie et pour l'éternité. A peine les écrivains missionnaires ou autres se bornent-ils à mentionner certaines croyances, légendes ou pratiques des païens, puis des barbares — renseignements qui nous sont très précieux — pour bien montrer combien il était nécessaire de les faire disparaître.

En vertu de cette même conception étroite et exclusive de la révélation divine concentrée sur un seul peuple, l'histoire du monde est en quelque sorte forcée et comprimée dans les cadres exigus de l'histoire du peuple de Dieu. L'histoire sainte devient l'histoire même de l'humanité primitive. Les premiers historiens chrétiens, Jules Africain, Eusèbe de Césarée, substituent l'ère d'Abraham à celles des Olympiades ou de la fondation de Rome.

Le même exclusivisme se manifeste plus tard à l'égard du mohamétisme qui dès le VIIe siècle entre en conflit avec le christianisme. Cette lutte domine l'histoire du christianisme pendant cinq siècles. Eh! bien, on chercherait vainement des écrits chrétiens dénotant le souci de se renseigner avec quelque précision sur ce qu'est en réalité ce mohamétisme. Ses adeptes sont des mécréants ; cela suffit. La vieille explication par l'œuvre du diable rend toute autre superflue.

La scolastique du moyen âge, avec son principe que la vérité religieuse est donnée par l'Église, et n'a pas besoin d'être cherchée, qu'il s'agit simplement de la reconnaître scientifiquement et d'en déduire par la dialectique les conséquences et les applications, n'était pas faite pour éveiller la curiosité sur la genèse des religions ni sur leur histoire. Rien n'était plus opposé à l'esprit historique. Quoiqu'elle ait beaucoup profité des ressources qui lui furent transmises par la science et la philosophie des mohamétans, — par l'intermédiaire surtout des juifs, — elle ne se soucia en aucune façon d'étudier l'Islam, pas plus que la philosophie grecque. Et, somme toute, il en fut de même dans le monde musulman à l'égard du christianisme. On se battait, par les armes et par les controverses, mais on n'éprouvait pas le besoin de se connaître sérieusement.

Au moyen âge, c'est en Asie qu'il faut aller pour rencontrer des hommes soucieux de connaître les religions étrangères et de les comparer. Ce sont tout d'abord les pèlerins chinois bouddhistes qui viennent dans l'Inde chercher des lumières sur leur religion; ils s'instruisent et nous instruisent des choses religieuses de l'Inde avec cette précision pragmatique propre aux Chinois et aussi avec la crédulité naïve parfois des croyants de tous les temps, crédulité que le Bouddhisme n'était pas fait pour diminuer : FA-HIEN (399-414), SOUNG-YUN (518), HIUAN-TSANG (629-645), YI-TSING (671-690). Le bouddhisme, religion internationale et en principe tolérante, dépourvu entièrement de cette intransigeance qui caractérisa le judaïsme et le christianisme, tout au contraire porté à s'assimiler toutes les religions indigènes des pays où il se propage, fut un grand propagateur de contes et de traditions religieuses ; mais, dépourvu, comme tout ce qui vient de l'Inde, de sens historique, soucieux seulement de ses propres origines et accueillant à cet égard les légendes aussi bien que les faits réels, sans se mettre en peine de les distinguer, il ne nous apporte pas, en dehors de ces pèlerins chinois, de contributions à l'histoire des religions, et ceux-ci manifestaient ici leur qualité de Chinois plutôt que de bouddhistes.

Plus tard, c'est AL-BEROUNI, un musulman emmené aux Indes par le conquérant Mahmoud, qui, dans son *Ta'rîkh Hind*, nous apporte une précieuse et remarquable description de l'Inde (première moitié du XI° siècle), où, comme de juste en ce pays, la religion tient une grande place.

Le singulier mélange des religions professées dans les empires tartares-mongols semble avoir favorisé des tentatives de conciliation réciproque. D'après le témoignage de Guillaume de Rubruquis, envoyé en mission par Saint Louis (1253), le khan des Mongols Mangou aurait fait discuter ensemble des représentants du catholicisme, du nestorianisme et de l'Islam chiite.

En tout cas, il est certain que le grand souverain tartare Akbar (deuxième moitié du XVIe siècle) institua de véritables études comparées des religions dans sa capitale de Fathpour-Sihri, où il mettait aux prises des chiites, des sunnites, des chrétiens, des parsis et sans doute aussi des çramanas bouddhiques. Sa conclusion fut de n'en adopter aucune et d'en créer une qui prendrait ce qu'il y avait de bon dans toutes et dont il serait le prophète.

Mais de tout cela, il n'y a rien à tirer pour nous, sinon des renseignements historiques, parce que tout cela fut fait sans méthode scientifique.

Combien pauvre ce que l'Europe chrétienne nous offre pendant la même époque ! Et, cependant, il y eut des tentatives de missions. Outre celle de Rubruquis, déjà citée, il y eut celle des Dominicains qui accompagnèrent Marco Polo, en 1272, auprès du khan mongol Koublaï, en Chine ; celle du franciscain Jean de Monte-Corvino (1291-1328), à Pékin, qui parut d'abord réussir à établir des relations durables entre l'Extrême-Orient et la chrétienté, mais dont l'œuvre fut détruite lorsque la dynastie mongole fut remplacée par la dynastie indigène des Ming (1370). De tous ces efforts, il ne resta que le livre de voyage si curieux de Marco Polo (1295), qui eut un succès de conte de fées, mais ne modifia en rien l'indifférence scientifique de la chrétienté.

Il en fut de même des efforts des missionnaires en Perse, du temps de la domination mongole, au XIIe siècle et dans la première moitié du XIIIe, et des missions de Dominicains en Afrique, notamment de Raymond de Pennafort († 1275), et surtout de Raymond Lulle († 1315). Les écoles fondées par le premier pour l'enseignement de l'arabe et les savants travaux du second n'eurent pas de conséquences pour le développement de l'histoire des religions.

Un seul homme peut-être entrevit le profit de cet élargissement de l'horizon provoqué par les premières hardies tentatives des missionnaires de son temps. C'est, il est vrai, un génie exceptionnel, bien en avance sur ses contemporains, le franciscain ROGER BACON (1214-1294), qui, dans son *Opus majus*, s'efforça de faire ressortir la valeur relative des religions qu'il connaissait et qu'il classait ainsi : 1° païens (= nos non-civilisés); 2° idolâtres et polythéistes; 3° Tartares; 4° Sarrasins (= mohamétans); 5° juifs; 6° chrétiens. — Mais il fut suspect à tous, accusé d'hérésie, de magie, etc.

Deux siècles plus tard, un autre esprit universel, mais plus diplomate, puisqu'il devint cardinal, NICOLAS DE CUSE († 1464), aboutit à la même conclusion de la valeur relative de toutes les religions non chrétiennes, même de l'Islam, surtout dans son *Dialogus de pace seu concordantia fidei*. Mais les temps étaient plus mûrs pour de pareilles doctrines. La Renaissance avait déjà répandu ses premiers souffles régénérateurs sur le monde.

La Renaissance, cependant, ne produisit pas pour l'histoire générale des religions les résultats immédiats que l'on pourrait supposer. Elle réveilla le culte de l'antiquité grecque et romaine, dressa un idéal jusqu'alors inconnu devant l'esprit humain, appliqua un esprit nouveau, dégagé de la scolastique, à l'intelligence des écrits de l'antiquité classique, que le moyen âge avait connus pour la plupart, mais sans les apprécier correctement. Ce fut un éveil de la curiosité, qui provoqua la découverte d'œuvres d'art et de textes oubliés ou négligés. Mais l'enthousiasme pour l'antiquité eut pour corollaire l'indifférence à l'égard de ce qui n'était pas grec ou latin.

Non seulement on ne se soucia pas davantage d'étudier l'Islam, mais les grandes découvertes géographiques de la même époque, tout en élargissant l'horizon et en bouleversant la conception traditionnelle du monde, consacrée par l'autorité de l'Église, ne provoquèrent pas cet élan de curiosité pour les pays nouveaux, qui a été si remarquable à notre époque.

En ce qui concerne les choses de la religion, l'attention fut si complètement absorbée par le conflit entre les connaissances nouvelles apportées par l'étude de l'antiquité classique et l'enseignement ou les institutions de l'Église d'alors, qu'on n'eut plus le loisir de s'occuper d'une façon suivie des religions dans le reste du monde.

La papauté considérait que tous les mondes nouveaux lui appartenaient de droit divin. En 1493, Alexandre VI attribuait à Ferdinand et à

Isabelle, en vertu de son pouvoir apostolique, tout ce qui se trouvait à l'ouest d'une ligne de démarcation allant d'un pôle à l'autre.

Dans les pays où l'autorité de l'Église put se maintenir, les représentants de la science renaissante furent bientôt obligés à une grande prudence en matière d'études religieuses. On leur permettait d'être païens, mais à la condition de ne pas attaquer les institutions et le pouvoir de l'Église.

Dans les pays où la Renaissance aboutit à la Réformation, on ne songea qu'à la lutte contre l'Église romaine. Il y avait autre chose à faire que de s'occuper des musulmans ou des sauvages d'Amérique. La plupart des réformateurs, d'ailleurs, conservèrent le dédain de la chrétienté du moyen âge pour les religions autres que le judaïsme et le christianisme. Si quelques-uns, plus pénétrés de l'esprit de la Renaissance, comme ZWINGLI, eurent la hardiesse de proclamer que les grands esprits de l'antiquité avaient pu faire leur salut dans le paganisme, la majorité pensa, comme LUTHER, que la religion des Turcs était une invention du diable et que les religions païennes étaient de déplorables aberrations de la nature humaine corrompue par la chute. L'étude des œuvres de l'antiquité chrétienne ne pouvait, nous l'avons vu, que les fortifier dans ces sentiments.

Mais l'effet produit par la Renaissance et les grandes découvertes géographiques ne fut cependant pas perdu. Ce fut la condition et la préface de l'histoire scientifique des religions. D'abord la scolastique était définitivement brisée; la critique littéraire et historique était née. L'intérêt pour la mythologie des Grecs et des Romains, sinon pour leur religion, était réveillé. Et tandis que l'humanisme, séparé de la Réforme, se perdait dans la rhétorique et dans l'idolâtrie superficielle de l'antiquité, tandis que la Réformation, oublieuse de son principe du libre examen, séparée de l'esprit de la Renaissance, s'asservissait à l'autorité de la Bible avec autant de fanatisme que les catholiques à l'autorité de l'Église, l'ardente controverse entre les deux églises provoquait une activité inconnue jusqu'alors pour l'étude des langues et des antiquités juives et chrétiennes, et suscitait tous ces admirables travaux d'érudition des ordres monastiques et des Académies ou Universités protestantes dont j'ai déjà fait mention dans ma deuxième leçon. Avant d'aborder l'étude critique et scientifique des religions étrangères, il était légitime et recommandable de commencer par étudier ses propres origines et d'acquérir, sur le terrain préparé par la Renaissance, cette pratique de la critique historique, qu'il faudra plus tard appliquer aux documents des autres religions. Impossible d'entrer ici dans le détail de cette œuvre colossale des XVIe et XVIIe siècles[1].

Ensuite le monde à l'horizon agrandi livra peu à peu des documents qui devaient servir plus tard à l'histoire des religions. La découverte de l'Amérique provoqua les travaux de BERNAL DIAZ DEL CASTILLO (de 1572, publiés en 1632)[2], du franciscain BERNARDINO DE SAHAGUN (milieu du XVIe, publiés seulement en 1829), du franciscain JUAN DE TORQUEMADA (1614), du

1. Voici les noms des principaux savants qui ont pris part à cette œuvre : *Catholiques* : cardinaux Baronius, Bellarmin ; — Jésuites : les Bollandistes, Sirmond, Fronton du Duc, Petau, Labbé ; — Oratoriens : Jean Morin, Le Cointe, Thomassin ; Richard Simon (*Histoire critique du Vieux Testament*), Lenain de Tillemont (Port-Royal) ; — Bénédictins : Mabillon, D'Achery, Montfaucon.

Anglicans : Brian, Walton, Pearson, Usher, Lightfoot.

Réformés : Hugo Grotius, Vossius, Limborch, Vitringa, Buxtorf, Hottinger, Louis Cappel, Basnage, Le Clerc, de Beausobre, Blondel, Daillé, etc.

2. Voir A. Réville, *Religions du Mexique*, p. 12 et suiv.

5.

jésuite Acosta (1590), etc., qui sont encore nos meilleures sources pour l'histoire des religions du Mexique, de l'Amérique centrale.

Les voyageurs et surtout les missionnaires, et parmi ceux-ci surtout les plus entreprenants, les Jésuites, ne cessèrent d'apporter sur les peuples d'Asie et d'Amérique, des renseignements qui sont souvent fort sujets à caution, mais qui n'en contiennent pas moins des informations extrêmement précieuses pour l'histoire des religions[1] (François Xavier aux Indes, Barth. de las Casas en Amérique, Matthieu Ricci en Chine, etc.). En 1622, est fondé par Grégoire XV le *Collège de la Propagande*, où sont enseignées les langues nécessaires aux missions. D'autre part l'étude de l'hébreu ouvre l'accès d'autres langues orientales à quelques savants[2].

Mais on ne sait pas encore tirer profit de tous ces biens. L'étude des religions autres que le judaïsme et le christianisme porta tout d'abord sur celles de ces religions qui avaient été en

---

1. A compléter d'après les données fournies par Hardy, *op. cit.*, p. 97 et suiv., sur les documents religieux publiés par les missionnaires. — Voir aussi, *infra*, début du chap. VII (École philologique).

2. Cf. G. Dugat, *Histoire des orientalistes du XIIe au XIXe siècle* (Paris, 1868-70, 2 vol.)

relation avec le judaïsme ou le christianisme. A signaler à cet égard, comme de vrais précurseurs de l'histoire des religions : SELDEN, *De dis Syris* (Londres, 1617); D'HERBELOT († 1685), *Bibliothèque orientale*; SAMUEL BOCHART (1646), *Geographia sacra*, où l'étude du chapitre X de la *Genèse* et celle de la colonisation des Phéniciens servaient de base à toute une théorie sur l'origine des mythologies et la propagation des religions antiques; JOHN SPENCER († 1693), dont le *De legibus Hebraeorum ritualibus* contient, d'après un juge aussi autorisé que Robertson Smith (*Relig. of the Semites*, préf., p. VI), les bases de la science comparée des religions ; VOSSIUS, dont le *De theologia gentili, sive de origine ac progressu idolatriae* (1642), est déjà un véritable essai d'histoire générale des religions sur la base de la révélation primitive; de même qu'en Allemagne l'*Oedipus aegyptiacus* de KIRCHER (1652-1655), ou en Hollande JURIEU, *Histoire critique des dogmes et des cultes depuis Adam jusqu'à Jésus-Christ* (Amsterdam, 1704)[1].

Il serait facile d'allonger cette liste. Il faudrait y ajouter les premiers essais de descrip-

1. V. aussi Van Dale, *De oraculis veterum ethnicorum*, dissert. II (1683); *De origine et progressu idolatriae et superstitionum* (1696).

tion générale des religions : la *Pansebeia*, d'ALEX. Ross, *A view of all religions in the world* (Amsterdam, 1666; trad. en français par La Grüe : *Les religions du monde ou démonstration de toutes les religions et hérésies de l'Asie, Afrique, Amérique et de l'Europe*) ; — *Les cérémonies et coutumes religieuses de tous les peuples*, 9 vol. in-fol., de JEAN-FRÉDÉRIC BERNARD, libraire à Amsterdam, illustrés par Bernard Picart (1723-1743), qui furent reproduits en France par ANT. BANIER, lequel avait déjà publié en 1711 une *Explication historique des fables* où il ressuscitait l'évhémérisme.

Mais ces travaux-là ne sont que des compilations dénuées de tout esprit critique ou dominées par l'à-priori dogmatique. Il ne suffit pas, en effet, d'avoir des matériaux pour que de belles et savantes constructions s'élèvent ; il faut encore des artisans et des architectes capables de les mettre en œuvre et des circonstances qui se prêtent à des œuvres de ce genre. Les marbres du Pentélique ont existé bien longtemps avant les artistes qui construisirent le Parthénon, et l'Amérique bien avant Christophe Colomb.

Ce qu'il faut pour le progrès de la science,

ce ne sont pas seulement des textes et des documents, mais des esprits libres et bien entraînés, capables de les comprendre.

Cette éducation de l'esprit scientifique en matière de sciences morales fut entreprise par le rationalisme du XVIIIe siècle. Ce que la rhétorique de la Renaissance n'avait pu faire, la philosophie le réalisa, du moins en partie; car ce n'est pas la rhétorique, mais la philosophie qui forme l'esprit humain, avant que l'on arrive à reconnaître que le véritable pédagogue, c'est l'expérience.

CHAPITRE III

LE RATIONALISME DU XVIIIe SIÈCLE

Le résultat des luttes et des controverses des XVIe et XVIIe siècles sur le terrain religieux ne fut pas ce que les combattants de part et d'autre en attendaient.

Que de guerres de religion, de controverses de toutes sortes des catholiques avec les protestants ; — des protestants entre eux ; infralapsaires et supralapsaires, prédestinatiens et arminiens, calvinistes et luthériens ; — des catholiques entre eux : catholiques romains et jansénistes, intellectualistes (avec Bossuet) et mystiques (avec Fénelon) !

Les guerres de religion aboutirent à la constatation qu'il n'y avait pas moyen de se supprimer réciproquement, et les controverses à ce résultat qu'il n'y avait pas moyen de se convaincre réciproquement. L'Église catholique ne ramena pas les protestants en son giron, et le protestantisme, à partir du moment où l'Église romaine se fut ressaisie et réformée intérieurement (Contre-réformation), ne fit plus de conquêtes sur le catholicisme. Et quant à la controverse, son résultat le plus clair fut de faire ressortir les erreurs, les fautes et les étroitesses des deux partis, chacun voyant les torts de ses adversaires et non pas les siens propres ; les esprits les plus cultivés virent la faiblesse des deux.

Le choc de tant d'autorités qui se déclaraient supérieures à la raison et qui depuis cent cinquante ans ne cessaient d'argumenter, c'est-à-dire de se servir de cette même raison pour justifier leur existence, eut pour résultat de détruire la notion même d'autorité dans le monde spirituel et d'affaiblir la puissance de la tradition religieuse.

C'est en Angleterre que cette émancipation de la pensée : le rationalisme, prit son premier essor sur le terrain religieux[1]. Dès 1624, dans son *De veritate*, et surtout en 1645, dans le *De religione gentilium*, HERBERT LORD CHERBURY expose que la religion n'est pas le résultat d'une révélation historique, que c'est un caractère

---

[1] C. Lecky : *The rise and influence of rationalism in Europe*, 5ᵉ édition, 1872.

distinctif de l'être humain. Il retrouve les vérités religieuses fondamentales (être suprême, obligation de l'adorer, piété, vie morale et pieuse, pardon des péchés obtenu par le repentir, rétribution dans cette vie et dans l'autre) au fond des religions païennes comme dans le christianisme. Telle est la religion naturelle à l'homme, sur laquelle tout le monde s'entend; tout ce qu'il y a d'autre dans les religions positives a été inventé par les prêtres, ou par des hommes d'état pour asservir et exploiter leurs semblables. Nous trouvons déjà là, avant même le milieu du XVIIe siècle, tous les éléments de cette doctrine de la religion naturelle qui domine la pensée et l'histoire religieuse au XVIIIe siècle. Lord Cherbury, d'ailleurs, avait d'autant moins de peine à montrer que cette religion, telle qu'il l'entendait, s'accordait fort bien avec les doctrines essentielles du christianisme, qu'en réalité il les avait puisées dans son éducation chrétienne et protestante, dans les évangiles.

La philosophie de Locke († 1704) assura bientôt un retentissement beaucoup plus considérable à une thèse analogue, quoique moins hardie, qui n'était autre, après tout, que la vieille thèse socinienne, jusqu'alors généralement combattue par les protestants, à savoir l'accord fondamental de la révélation et de la raison[1]. Toutes deux étant des dons de Dieu ne peuvent être en désaccord. Il ne nie pas encore la révélation; il l'admet comme un bienfait de Dieu qui a facilité ainsi aux hommes la connaissance de la vérité. Mais, en vertu du principe, il réclame pour la raison le droit de contrôler ce qui se donne comme révélation, et d'en exclure, par conséquent, ce qui est contraire à la raison. Ses disciples ajoutèrent bientôt : ce qui est supérieur à la raison. Cela aboutissait en pratique à la suppression de la révélation naturelle; or, c'était là la condition première de l'étude objective des religions.

Les mêmes idées, avec des variations individuelles dans le détail desquelles il n'y a pas lieu d'entrer ici, furent soutenues par TOLAND en 1696 : *Christianity not mysterious*, où le miracle est particulièrement dénoncé comme une altération du véritable christianisme; l'ouvrage fut brûlé et l'auteur dut fuir; — par COLLINS, *Discourse of free thinking*, 1713, qui plaide la cause

---

1. Cf. *The reasonableness of Christianity*, 1695.

de la libre pensée en religion et montre l'absurdité de l'application des prophéties de l'Ancien Testament au Christ; — par lord SHAFTESBURY, *Characteristics*, 1711, plus d'un esthéticien que d'un exégète; — par MATTHIEU TINDAL, *Christianity as old as the creation*, 1730. Le sous-titre était : « L'Évangile est une nouvelle édition de la religion de la nature. » La religion, pour lui, est la moralité selon la loi naturelle identifiée à la volonté de Dieu. Tous ces premiers prophètes du rationalisme religieux moderne méritent de n'être pas oubliés.

Le dernier et le plus illustre des grands partisans de la religion naturelle en Angleterre, c'est HUME (*The natural history of religion*, 1757). « Il cherche l'origine de la religion dans l'expérience humaine, il la ramène au besoin intellectuel d'expliquer les choses qui intéressent l'homme et aux sentiments de crainte et d'espérance qui résultent de sa dépendance à leur égard. Ce livre est bien en avance sur son temps[1]. » Ennemi de la métaphysique, criticiste à tendance positiviste, c'est-à-dire réclamant que l'homme enferme ses recherches dans les étroites

---

1. E. Carpenter, *A Century of comparative Religion*, tir. à part de *The Inquirer*.

limites de son entendement, déterministe prononcé en histoire, Hume repousse le surnaturel pour des raisons d'ordre historique plutôt que philosophique. Il condamne toutes les religions positives, mais considère l'idée de Dieu comme un produit naturel de l'esprit, et dénonce la disposition de l'homme à concevoir Dieu à son image[1].

L'attaque dirigée contre la conception traditionnelle de la religion et des religions fut donc remarquablement brillante et prolongée en Angleterre, mais il faut observer qu'elle se produisit le plus souvent sous la forme, non de négation brutale, mais de conceptions rationnelles de la religion opposées aux notions religieuses traditionnelles. A de très rares exceptions près, les représentants de la critique et de la philosophie, ou de la science, maintiennent le bon droit et l'utilité de la religion, y reconnaissent un fond de vérité sous les scories des erreurs séculaires (Newton, Locke, etc.) et tendent à une réforme du christianisme, non à sa suppression. Dans le monde ecclésiastique, la création d'une série

1. Il y aurait à insister davantage sur la valeur de cet ouvrage de Hume. Car le premier il a reconnu que les premières représentations de la divinité devaient être corrélatives à la civilisation élémentaire du début.

d'églises nouvelles, cherchant à répondre aux aspirations nouvelles, correspond à ce mouvement des intellectuels : Quakers (1650), Unitaires (1730), Méthodistes (1738), si bien que finalement l'estime pour la religion sortit de cette période puissamment fortifiée. La doctrine de la religion naturelle échoua dans le pays même qui lui avait donné naissance.

Il en fut tout autrement en France. Ici l'absolutisme royal et l'intolérance de l'Église avaient étouffé toute pensée religieuse libre. Quand les nouvelles idées sur la religion naturelle arrivèrent d'Angleterre, elles trouvèrent des représentants extrêmement brillants dans le monde des lettres et des philosophes, qui leur imprimèrent une tendance nettement antichrétienne, et finalement antireligieuse, tandis qu'il n'y eut pas d'esprits religieux libres pour les traduire en réformes de la tradition.

Au point de vue chronologique, il faudrait mentionner d'abord ici le *Tractatus theologico-politicus* (1670) de SPINOZA, où l'on trouve des idées vraiment prophétiques sur l'évolution religieuse dans le judaïsme et le christianisme. Mais Spinoza ne s'occupe guère des autres religions et d'ailleurs son influence, sur ce terrain, fut à peu près nulle de son temps.

Le double résultat des longues controverses dogmatiques en France est bien représenté par deux hommes : PIERRE BAYLE, † 1706, chez qui la conscience de la vanité des controverses dogmatiques aboutit à la proclamation de la tolérance, de la valeur relative des différentes doctrines, et à un criticisme très fin à tendance sceptique ; — et PIERRE HUET, évêque d'Avranches († 1722), chez qui la conscience de l'impuissance de l'esprit humain en matière philosophique et religieuse aboutit à la proclamation de la nécessité de la révélation surnaturelle[1]. Il ramène toutes les religions païennes à des altérations de la révélation.

Chez Bayle le doute conduit à la critique, chez Huet à la foi, ou plutôt à la soumission, à l'abdication. Mais, si la critique eut chez nous des porte-paroles d'une valeur exceptionnelle, la foi ne fut représentée que par des hommes au-dessous du médiocre, parce que c'était une foi de parti-pris, un mariage de raison, non une foi partie du cœur.

1. Cf. sa *Demonstratio evangelica* et son *Traité de la faiblesse de l'esprit humain*.

Le XVIIIe siècle, en France, fut donc, dans le domaine de la science des religions et aussi en histoire, avant tout un siècle critique. Sa doctrine de la religion naturelle, il l'emprunta à l'Angleterre, mais il poursuivit une campagne décisive contre l'ancienne conception du monde et de la société et contre les Eglises qui, à divers titres et dans des mesures diverses, défendaient l'ancienne conception du monde et des choses, quoique la science (Galilée, † 1642; Képler, † 1630; Newton, † 1727) l'eût irrémédiablement condamnée. La tradition religieuse ne s'en est point relevée.

Ce fut un formidable travail de déblayage, — *Aufklärung*, comme disent les Allemands, — dont VOLTAIRE est le plus illustre représentant. Pour lui aussi, la religion est un produit naturel de l'esprit humain, et cette religion naturelle, c'est le déisme : « J'ose croire qu'on a commencé d'abord par reconnaître un seul Dieu et qu'ensuite la faiblesse humaine en a adopté plusieurs » (*Dictionnaire philosophique*, article *Religion*, Section III, 2e question sur la religion). Pourquoi ? parce qu'on va du simple au composé. Chaque localité a eu d'abord son dieu unique, une puissance, un chef, pour expliquer les phénomènes qui la frappaient (tonnerre, grêle, etc.); puis des dieux multiples; enfin la philosophie établit un Dieu unique. — Le rôle de la religion est surtout social : « Si vous avez une bourgade à gouverner, il faut qu'elle ait une religion (*ibid.*, Sect. I) ». — Les innombrables erreurs, les crimes, les superstitions propagées par les religions, sont l'œuvre des prêtres, des théologiens, des méchants qui ont voulu museler et exploiter l'humanité. Et Voltaire juge avec la même sévérité Mohammed et les papes.

Il y a là les grandes lignes, non seulement d'une philosophie, mais d'une histoire des religions; mais elle n'est pas fondée sur une étude historique des religions : elle procède de considérations philosophiques sur la nature humaine; elle résulte des conclusions tirées par des esprits libres des violentes attaques et des savantes controverses historiques que les différentes confessions chrétiennes ont dirigées les unes contre les autres. Elle résulte aussi de l'application à l'histoire entière d'une situation particulière au monde où vivait Voltaire (prêtres incrédules, église devenue une institution à bénéfices). C'est, pense-t-il, la crédulité des hommes qui fait la toute-puissance des prêtres.

Voltaire connaît quelque peu les religions de l'antiquité ; il sait fort bien qu'il ne faut pas identifier la religion des Grecs et des Romains avec leur mythologie. Il les interprète volontiers dans le sens de ses idées ; mais il n'a sur les autres religions que des notions superficielles, et tout ce qu'il dit à ce sujet est manifestement dominé par des préoccupations de polémique contre les églises traditionnelles de son temps. L'histoire des religions après tout est ramenée ainsi à ne plus être que l'histoire des impostures de l'esprit humain. L'histoire biblique est tournée en ridicule avant même d'avoir été étudiée (excepté cependant pour Jésus lui-même). — Pour combien de nos contemporains en est-il encore ainsi !

Remarquez cependant qu'en attribuant aux prêtres et aux théologiens toutes les altérations intéressées et malfaisantes des religions, les philosophes du XVIIIe siècle ne faisaient après tout que renvoyer la balle aux théologiens qui soutenaient que toutes les religions païennes devaient être considérées comme des inventions d'hommes dégénérés et impies, qui s'étaient détournés de la révélation, primitive ou autre, et que plus tard les hérésies n'avaient pas d'autre origine.

Il est difficile de tirer quelque chose de clair des écrits de Diderot à ce sujet, et les articles sur les sujets religieux, dans l'*Encyclopédie*, sont, on le sait, des articles accommodés aux exigences de la censure. Dans la suite le sensualisme et le matérialisme règnent parmi les philosophes (Helvétius, La Mettrie, d'Holbach, Cabanis, etc.).

Ce fut VOLNEY qui, dans ses *Ruines* (1791), *Recherches nouvelles sur l'histoire ancienne* (1814); *Histoire de Samuel, inventeur du sacre des Rois* (1819), etc., fit une application plus complète des principes du sensualisme positiviste à l'histoire religieuse. Déiste convaincu, mais dépourvu de sentiment religieux, et considérant le passé à travers une admiration excessive du présent, il considère les religions comme une série de systèmes, inventés par les hommes pour expliquer ce qu'ils ne peuvent pas comprendre, et maintenus par des gens intéressés à leur conservation. Il reconnaît ainsi une succession dans les conceptions religieuses : culte des éléments et des puissances physiques, culte des astres, idolâtrie (ou culte des symboles), dualisme, conception d'un double monde, culte de l'univers et de l'âme du monde, culte du Demiourgos ou âme du monde. — Il y a là, on le voit, un essai qui ne manque pas de puissance, en vue de reconstruire l'évolution des religions, qui, pour Volney, s'achève de son temps en un complet détachement de la morale d'avec la religion, cause de tous les troubles (Volney, on le sait, est l'auteur d'un célèbre *Catéchisme du citoyen français*, plus tard : *Loi naturelle ou Principes physiques de la morale*). — Volney a beaucoup voyagé, observé, il a compris l'importance de la philologie. Mais il confond théologie et religion, dispose d'une documentation encore insuffisante et, comme tous les hommes de son temps, juge les événements du passé d'après le seul critère des idées de son propre temps.

Il reste, somme toute, plus à garder des observations de Volney sur l'histoire des religions que du grand travail, beaucoup plus érudit et aussi plus indigeste, de Dupuis[1] : *L'origine*

1. Il faut joindre à Dupuis, comme partisan de l'explication allégorique, COURT DE GEBELIN († 1784) : *Le monde primitif analysé et comparé avec le monde moderne*, 9 vol., de 1773 à 1784,

de tous les cultes ou la Religion universelle
(1794, 3 vol. in-4° ou 12 vol. in-8°). Professeur
d'éloquence latine au Collège de France, disciple de d'Holbach, mêlé à la politique tourmentée de l'époque, Dupuis s'efforce d'expliquer
par l'astronomie et par la physique anciennes
l'origine de tous les dieux et de toutes les
religions, qui ne sont que des interprétations
symboliques ou allégoriques des phénomènes
du monde physique, y compris le Christ qui
n'est autre que le soleil de Pâques ou l'agneau
équinoxial. Sans contester l'étendue des connaissances de Dupuis, on doit reconnaître que
nous avons ici l'application d'un système aprio-

ouvrage qui est un fouillis, plein d'imagination et aussi d'idées
très originales. Voir le *Plan général et raisonné* de cet ouvrage,
publié en 1773 : tout doit s'expliquer par les besoins de l'homme :
« Il ne faut que bien connaître celui d'aujourd'hui pour connaître
ceux de tous les siècles » (*Plan*, p. 4). Tout est rapporté au génie
symbolique de l'antiquité; il consiste à animer la nature entière, à
personnifier tous les êtres inanimés ou moraux, à présenter
comme des récits d'événements passés les instructions que l'on
voulait donner aux hommes, à peindre sous des figures corporelles les objets les plus élevés, les plus respectables, les plus
importants. « Ce que dit l'allégorie n'est jamais ce qu'elle veut
dire » (p. 66. Cf. aussi pp. 68 et 69). A noter encore, 3° partie du
1ᵉʳ volume, page 17, l'explication de la nécessité de l'allégorie
par la nature des langues primitives pauvres en mots, et n'ayant
de mots au sens propre que pour désigner les objets physiques.

ristique à l'étude des religions, un des premiers exemples de cette fâcheuse tendance à vouloir tout expliquer dans l'histoire des religions par une seule et même cause, et une suprême manifestation du penchant à utiliser l'histoire des religions comme arsenal d'arguments contre le christianisme. — Avec Dupuis, d'autre part, nous approchons déjà de l'école symbolique, dont nous aurons à nous occuper bientôt et qui mettra en œuvre des procédés analogues avec un esprit différent.

Combien je préfère d'autres précurseurs du XVIII° siècle français, dont je n'ai pas parlé encore, parce qu'ils sont plus isolés !

Ce n'est pas à ROUSSEAU[1] que je pense ici, et dont vous avez pu vous étonner de ne pas m'entendre parler à côté de Voltaire. Rousseau a eu une très grande influence sur les idées morales et sociales de la fin du XVIII° siècle et de la Révolution. Si nous avions à retracer ici l'histoire des idées religieuses au XVIII° siècle, nous devrions nous arrêter à lui, car il a le sentiment religieux qui manque à la plupart des écrivains

---

1. [Le manuscrit de M. J. Réville porte cette note marginale :] Il faudrait mettre davantage en lumière l'action de Rousseau, comme réveillant le sens religieux.

et philosophes ses contemporains, le sentiment de la nature et, si j'ose dire, le sens des choses de l'âme, qui manque à la plupart des intellectualistes et des hommes d'esprit ou de bon sens, parfois un peu léger, de notre XVIII° siècle français. Mais l'histoire des religions ne lui doit rien, sinon d'avoir réveillé le sens de la valeur de l'émotion dans la vie religieuse de l'humanité, et ce seront d'autres qui, surtout à l'étranger, en feront leur profit. Du reste, il est un apôtre convaincu de la religion naturelle; il croit fermement à son altération par les prêtres et les exploiteurs, comme la société primitive a été altérée par les tyrans et les fripons. Mais cette religion naturelle, il la construit à priori comme sa société primitive, sans se soucier d'enquête historique, et le christianisme y garde une place plus importante, comme chez les rationalistes anglais et allemands, que chez ses congénères français.

Ceux dont je veux parler, c'est Fontenelle, De Brosses, Anquetil Duperron[1]. — FONTENELLE († 1757), non pas à cause de son *Histoire des oracles* qui n'est qu'une adaptation française du

---

1. Cf. la conférence de S. Reinach sur : *l'Origine des Religions*, p. 19 (Bruxelles, Bibliothèque de propagande, 1906).

De oraculis du savant hollandais Van Dale, mais à cause d'un petit essai sur *l'Origine des fables*, qui ne fut guère remarqué, alors qu'il renferme une exposition vraiment prophétique d'idées qui n'ont prévalu qu'à la fin du XIX° siècle. Fontenelle a déjà remarqué une conformité étonnante entre les fables des Américains et celles des Grecs ; il en conclut que les Grecs ont commencé par ne pas penser plus raisonnablement que les barbares d'Amérique. Les hommes, dit-il, voyant se produire constamment autour d'eux des choses qu'ils ne pouvaient pas faire, les ont naturellement attribuées à des êtres plus puissants qu'eux et qu'ils se sont représentés à leur image. De là vient qu'ils ont conçu ces dieux tout d'abord comme puissants, sans songer à leur attribuer la sagesse et la justice. — Sans doute, nous retrouvons ici le célèbre mot de Voltaire : Si Dieu a fait l'homme à son image, l'homme le lui a bien rendu ; mais chez Voltaire, c'est un mot d'esprit ; ici c'est une opinion fondée sur l'histoire et la psychologie.

Le président DE BROSSES, dans la *Dissertation sur les dieux fétiches* (1760), prélude, près d'un siècle d'avance, à l'étude importante des religions des non-civilisés. Au lieu de construire de toutes pièces l'homme primitif, De-Brosses reconnut tout le parti à tirer des renseignements rapportés par les Portugais sur les nègres de la côte occidentale d'Afrique : cultes de pierres, coquilles, objets informes (en portugais *feitiço* = amulette, talisman — du latin *factitius* = fait à la main). Il y vit l'origine des religions, le point de départ de l'idolâtrie, y rattacha le culte des pierres sacrées, etc. Une étude mieux documentée a renversé les constructions de De Brosses, mais le principe était bon. S'il avait été apprécié à sa juste valeur par la critique philosophique du XVIIIe siècle, il nous aurait évité bien des erreurs sur l'homme naturel, bâti de toutes pièces par des théoriciens, théorie dont les conséquences sociales ont été considérables et pas toujours heureuses.

Enfin ANQUETIL-DUPERRON qui, au péril de ses jours, s'en alla chercher à Surate les livres sacrés des Parsis et qui, le 15 mars 1762, déposait à la Bibliothèque du Roi les livres sacrés de Zoroastre, ouvrant ainsi à la science un domaine tout nouveau, mais dont la valeur ne fut reconnue que plus tard[1].

---

1. Cf. Hardy, *op. cit.*, p. 105 et la conférence de Mlle Ménant : *Anquetil-Duperron à Surate*, dans les *Conférences au Musée Gui-*

Dans les pays latins, en dehors de la France, il n'y a rien à signaler en fait d'initiative dans l'ordre de nos études. La vie scientifique y est paralysée. En Italie il y a quelques érudits, les Assemani, qui firent progresser l'étude des formes orientales du christianisme ; Mansi († 1769), l'éditeur de la grande collection des Conciles ; Muratori, érudit de premier rang († 1750), etc. Un seul fait exception, Vico. celui que Michelet a honoré du titre de fondateur de la philosophie de l'histoire, en traduisant en 1827, sous le titre de *Principes de la philosophie de l'histoire,* son œuvre principale, qui parut à Naples en 1725 (totalement refondue en 1730 et 1744), *les principes d'une science nouvelle relative à la nature commune des nations*, où il distinguait dans la vie des peuples l'âge divin, l'âge héroïque et l'âge humain. Vico fut un des premiers à appliquer la critique historique aux légendes de l'antiquité. Mais il ne fut pas apprécié à sa juste valeur avant le XIXe siècle.

Il nous reste à voir quelle fut l'œuvre du rationalisme en Allemagne.

met, t. XX de la *Bibliothèque de Vulgarisation du Musée Guimet*, 1906, pp. 81-139,

Ici aussi nous voyons se dessiner, dès la fin du XVIIᵉ siècle, une réaction contre l'orthodoxie doctrinaire, la scolastique luthérienne dans laquelle l'esprit de la Réforme était éteint. Mais ce fut sous une forme religieuse tout d'abord : le piétisme, mouvement mystique inauguré par SPENER († 1705) qui insiste sur la vie pieuse, l'édification, la méditation de la Bible, pour agir sur le sentiment et sur la volonté. Ce mouvement ne contribua pas directement au réveil de la science religieuse ; il avait plutôt de l'aversion pour la science, trop intellectualiste ; mais par sa vigoureuse protestation contre la controverse dogmatique, au nom même de la religion, il contribua à ébranler l'autorité religieuse du dogmatisme chrétien, et prépara les voies, d'une façon indirecte, au rationalisme — dont il n'avait cependant pas moins horreur que de l'orthodoxie dogmatique.

Celui-ci prit son essor en Allemagne sous l'influence de la philosophie leibnizienne, dans les Universités. Ceci est caractéristique de l'Allemagne où le rôle des Universités fut d'agir comme foyers de travail intellectuel, tandis qu'en France et en Angleterre, les Universités, moins nombreuses et tout autrement organisées, furent en général plutôt conservatrices, et, en tout cas, ne prirent pas une part prépondérante au mouvement des idées, depuis la disparition des Académies protestantes..

Le rationalisme s'affirma surtout par l'organe d'un disciple de Leibniz, le théologien WOLFF († 1754), professeur à Halle, puis à Marbourg après son expulsion de Halle. Wolff est dialecticien jusqu'à la moelle; il part d'un principe analogue à celui de Locke : pas de contradiction entre la révélation et la raison. Le caractère propre du vrai, c'est, en effet, d'être rationnel. Donc pas de vérité qui ne le soit pas.

Si je ne me trompe, le rationalisme anglais (la révélation, don de Dieu, ne peut pas être contraire à la raison) porte à faire décider par la raison ce qui est vraiment révélation (ce sera l'équivalent de la religion naturelle) ; tandis que le rationalisme allemand tend à montrer que le contenu de la révélation est rationnel. Il a donc un caractère plus nettement apologétique.

Ce rationalisme, de caractère nettement théologique, se développa en deux tendances hostiles : supranaturaliste et antisupranaturaliste. Wolff, comme Leibniz, admettait le miracle ; il est vrai que c'était comme rentrant dans l'harmonie préétablie. Cela revenait à faire rentrer le miracle dans l'ordre naturel. Mais en pratique il y a une grande différence : les supranaturalistes pouvaient conserver la créance aux miracles bibliques, tandis que les autres étaient obligés de repousser ceux-ci, ou d'interpréter les récits de miracles de manière à leur enlever leur caractère miraculeux. Ce fut sur ce point que porta le grand effort des théologiens rationalistes dans les Universités allemandes. Le prestige de la Bible comme livre sacré ne leur permettait pas d'admettre qu'elle renfermât des mythes et des légendes. Par déférence pour elle, ils eurent recours à des explications qui joignaient au défaut d'être arbitraires, celui d'être souvent d'une platitude déplorable, et qui, après tout, étaient moins respectueuses du livre sacré que les explications simplement historiques de l'exégèse scientifique moderne. On a cité souvent comme exemple la fameuse explication du miracle de Jonas dans la baleine[1].

Mais tout en reconnaissant ces petitesses, il serait injuste de méconnaître le service que ce

1. Explication d'après laquelle il ne faudrait voir en Jonas qu'un voyageur qui se serait arrêté à l'auberge de la *Baleine*.

rationalisme rendit en pays protestants, en familiarisant les esprits avec l'obligation de n'admettre que des récits (même sacrés) explicables au point de vue rationnel. Pour l'apprécier, il suffit de constater à quel degré de superstition en est arrivée la religion dans les pays où ce rationalisme-là fut proscrit par l'Église.

En outre et surtout, ce fut ce rationalisme qui inaugura en Allemagne le grand travail de critique historique et philologique, appliqué à la Bible et à l'histoire du judaïsme et du christianisme, c'est-à-dire l'un des plus beaux chapitres de l'histoire des religions et qui a assuré à la science théologique allemande la première place dans le monde au XIXe siècle. La critique de Baur, de Strauss, celle de Wette, Hase, Lipsius, celle de Holtzmann et de Harnack, sont en germe dans les beaux travaux de philologie et d'exégèse biblique, d'histoire ecclésiastique de Semler († 1791, Halle), d'Ernesti († 1781, Leipzig), de Michaelis († 1791, Göttingen).

Les représentants de la critique antireligieuse ou antichrétienne furent extrêmement rares en Allemagne au XVIIIe siècle, et sans influence, malgré la faveur que Frédéric le Grand témoigna à quelques-uns des représentants français de cette tendance. Car on ne peut leur assimiler, purement et simplement, des hommes comme Reimarus († 1768), l'auteur des « Fragments de Wolfenbüttel » publiés par Lessing, ni Spalding ou Teller, ni surtout Lessing lui-même. S'ils furent partisans de la religion naturelle, ils le furent plutôt à la manière anglaise que française.

La révolution opérée dans le domaine de la science religieuse par le rationalisme du XVIIIe siècle aboutit donc à des conséquences très différentes dans les trois principaux pays où elle s'opéra, et cela par suite des antécédents religieux de ces pays; car il est impossible de séparer complètement l'histoire de la science des religions de l'histoire de l'évolution des idées religieuses dans les pays où elle est cultivée, surtout à une époque où la notion de l'histoire objective n'est pas encore formée.

Le fruit commun de ces trois formes du rationalisme, c'est le renversement de la croyance, jusqu'alors à peu près générale, à une révélation surnaturelle à l'origine de l'histoire religieuse, la négation du miracle, ou tout au moins son discrédit comme fondement de l'histoire religieuse, la reconnaissance d'une religion naturelle à l'humanité. Mais, tandis qu'en France ces principes sont énoncés par des philosophes ou des hommes de lettres, nettement hostiles, non seulement au christianisme traditionnel, mais en général aussi au christianisme lui-même, et même à toute espèce de religion, en Angleterre et en Allemagne ils aboutissent à des conceptions d'un christianisme épuré, plus ou moins identifié avec la religion rationnelle telle que l'entendaient les critiques. L'attaque est plus violente en Angleterre qu'en Allemagne. De même qu'en France, elle y aboutit à une réaction religieuse tout à fait défavorable à l'étude libre et scientifique des religions. En Allemagne, au contraire, où le mouvement est soutenu par des Universités, et non pas simplement par des individualités littéraires, il aboutit à des conclusions beaucoup moins radicales, mais engendre un éveil de l'étude historique et critique des textes, qui assure à la science des religions un brillant avenir.

CHAPITRE IV

RÉVÉLATION PRIMITIVE ET RELIGION NATURELLE

Avant d'aborder les écoles vraiment modernes de l'histoire des religions, il n'est pas inutile d'envisager en elles-mêmes, à un point de vue exclusivement historique, les deux thèses qui jusqu'à la fin du XVIIIe siècle ont régi presque seules nos études et qui n'ont pas cessé, même de nos jours, d'avoir des partisans (surtout la première), alors même qu'elles ont cessé d'exercer de l'influence sur le travail scientifique.

Ce sont, l'une et l'autre, des thèses d'ordre dogmatique ou doctrinal, résultant, non pas d'observations historiques, mais de l'application à l'histoire de principes théologiques ou philosophiques.

Les partisans de la religion naturelle s'en sont vantés; c'est l'application de la philosophie dans un domaine où, d'après eux, n'avait régné jusqu'alors que l'arbitraire théologique. Mais les partisans de la révélation primitive le contestent, en se réclamant de la Bible comme témoignage historique à l'appui de leur conception.

Or, c'est cette prétention que l'étude historique et critique de la Bible elle-même a réduite à néant, en dehors de toute controverse théologique ou philosophique sur le miracle, le surnaturel, etc. La Bible, en effet, ne mentionne nulle part une révélation primitive. Elle rapporte des théophanies, des révélations successives à Abraham, à Moïse, aux prophètes, etc., qui sont toutes accordées à des ancêtres ou à des membres du peuple d'Israël, mais les antiques traditions enregistrées par les écrivains bibliques ne disent nulle part que la première humanité tout entière aurait été mise en possession de la vérité religieuse.

L'étude historique et critique de la Bible nous apprend, au contraire, que, d'après le propre témoignage de celle-ci, les Israélites eux-mêmes ont commencé par être polythéistes, admettaient l'existence de divinités nombreuses et trouvaient tout naturel que les autres peuples eussent leurs dieux comme ils avaient les leurs. Le témoignage de la Bible elle-même atteste que l'explication des religions païennes comme déviations du monothéisme primitif est une thèse théologique conçue beaucoup plus tard par les Juifs devenus rigoureusement monothéistes, pour expliquer l'existence de la pluralité des religions et le fait étrange que l'immense majorité de l'humanité fût étrangère à la religion révélée.

Enfin l'histoire de l'antiquité, telle qu'elle ressort de l'étude des documents des grandes civilisations antiques, nous a appris qu'il y a des témoignages historiques beaucoup plus anciens que ceux de la Bible, où il n'est pas question de cette révélation primitive, mais où nous retrouvons des théophanies analogues à celles des plus anciennes traditions recueillies dans la Bible juive. Et, d'autre part, l'étude critique des livres de l'Ancien Testament aboutit à cette conclusion que ces livres ont été rédigés beaucoup plus tard qu'on ne le croyait jadis et que, s'ils renferment un certain nombre de traditions réellement très anciennes, ils n'ont eux-mêmes aucun titre à être considérés comme des témoignages directs de la haute antiquité.

Ainsi, en demeurant strictement sur le terrain historique, il est impossible de ne pas reconnaître que la Bible ne peut, en aucune façon, attester la réalité d'une révélation primitive. En fait, l'histoire des religions nous apprend que chez beaucoup de peuples, aussi bien que chez les Israélites, les plus anciennes manifestations de la civilisation ont été attribuées à des révélations divines, différentes par leur contenu et par leur provenance, mais que personne ne songe à prendre pour des faits historiques réels. Elles s'annuleraient d'ailleurs les unes par les autres.

La thèse de la révélation primitive est donc au même titre que celle de la religion naturelle une hypothèse. Les uns ont pensé que l'homme primitif n'aurait jamais pu trouver par ses propres ressources la religion, l'art, la morale[1]. Les autres, au contraire, que l'homme était constitué de telle façon qu'il concevait naturellement, dans leur simplicité et leur pureté primitives, tous ces éléments constitutifs de la

---

1. C'est la thèse de De Bonald, De Maistre, etc., de la réaction contre le rationalisme du XVIIIe siècle.

vie proprement humaine. Beau thème à discussions, puisque l'on tourne dans un cercle vicieux ! On ne voit pas, en effet, comment la divinité aurait pu révéler à l'homme des vérités religieuses ou morales, sans donner à cet homme une raison et une conscience capables de les concevoir, c'est-à-dire sans en faire ce que les partisans de la religion naturelle prétendaient qu'il était. Ce qui est en jeu, ici, en réalité, c'est la question du miracle ou du surnaturel. Or, la science et l'histoire ne peuvent connaître que le naturel.

Au lieu de se perdre dans des spéculations de ce genre, il est plus raisonnable de serrer de près le fait qu'il s'agit d'expliquer. Les deux hypothèses s'accordent en ceci, qu'elles placent à l'origine de la vie religieuse de l'humanité une religion rationnelle, pure, bienfaisante, et qu'elles considèrent toutes les religions positives (ou mieux toutes sauf une) comme des altérations de cette religion primitive. Quand on se demande sur quoi repose une pareille idée, on est stupéfait de constater qu'elle n'a aucun fondement dans la réalité. Les rationalistes ont évidemment subi ici, sans s'en rendre compte, l'influence de la tradition théo-

7.

logique d'une nature humaine créée pure et bonne, puis corrompue par la suite.

Cette idée comporte, en effet, la croyance à une dégénérescence religieuse universelle de l'humanité. Or toutes les données de l'histoire que nous connaissons, s'accordent à témoigner d'une évolution de l'humanité en sens diamétralement opposé. Assurément la notion du progrès régulier, constant, en quelque sorte fatal, est condamnée par l'expérience. Il y a des peuples qui déchoient, des civilisations qui s'éteignent (Cambodge, Amérique centrale, Grèce, Rome); il y a des flux et des reflux de civilisation. Mais, dans l'ensemble, l'évolution se fait de la barbarie à la civilisation, des phases inférieures de la civilisation aux phases supérieures. Il y a donc contradiction entre les faits connus et l'hypothèse.

Il faudrait supposer qu'il y a eu dégénérescence religieuse universelle, alors qu'il y a eu progrès dans tous les autres domaines de la vie et de l'activité humaines. Ceci encore n'est pas seulement invraisemblable en soi, mais est contredit par l'expérience. Nous trouvons, en effet, dans toutes les religions des peuples civilisés, des pratiques, des rites, qui proviennent d'un état de non-civilisation antérieure, et qu'il est aisé de reconnaître comme tels, et chez les non-civilisés des croyances, usages et institutions religieuses qui sont les germes des correspondants chez les civilisés [1].

Et qu'on ne dise pas : ce sont des dégénérescences et non des germes. Car alors elles procèdent de l'état mental et social de la civilisation supérieure dégénérée. Or, c'est le contraire. Les croyances, usages, institutions dont il s'agit sont en corrélation étroite avec tout l'ensemble des idées sur le monde et sur la nature humaine chez les non-civilisés (par exemple, les sacrifices matériels correspondent à la conception des dieux en tant qu'êtres mangeant et buvant, et ne sont pas une survivance du culte de dieux spirituels ; — le culte des arbres, des pierres, correspond à la conception animiste de la nature et non à la conception physique).

Lorsqu'en des endroits déterminés il y a eu, pour une cause quelconque, dégénérescence d'une civilisation, nous le reconnaissons à ceci que certains textes ou monuments, d'une valeur

1. [Le manuscrit de M. J. Réville porte cette note marginale :] Si ces leçons sont publiées, il faudra développer toute cette partie, qui a paru trop concentrée à l'auditoire.

supérieure, sont sans aucune corrélation avec l'état inférieur des populations où ils subsistent (par exemple le temple de Mercure, à Pæstum).

Les rites, les croyances, les institutions religieuses doivent leur origine à l'état de civilisation auquel ils correspondent, voilà le principe rationnel et confirmé par l'expérience, qui doit diriger partout notre jugement. L'histoire entière et l'archéologie préhistorique le confirment. Comme les faits de l'ordre religieux ont une puissance de durée exceptionnelle, on trouve dans ce domaine plus que partout ailleurs des survivances de phases antérieures, soit de civilisation plus avancée, soit surtout de civilisation moins avancée. Mais la direction générale de l'évolution pour l'ensemble de l'humanité dans le sens d'un accroissement de civilisation, ressort nettement de l'étude de l'ensemble des faits connus. Nous ne trouvons pas de religion civilisée qui ne dénonce elle-même les religions non civilisées dont elle procède, tandis que la très grande majorité des religions peu ou pas civilisées exclut nettement l'hypothèse d'une religion civilisée antérieure.

Il faut donc renoncer résolument à statuer l'existence d'une religion primitive, toute rationnelle, toute pure, toute vraie. C'est un produit de l'imagination soit des théologiens (révélation primitive), soit des philosophes du XVIII⁰ siècle (religion naturelle). L'histoire ne la connaît pas.

Est-ce à dire que ces doctrines si longtemps en honneur et encore professées aujourd'hui n'aient aucune valeur ? Non pas. La première est une doctrine théologique. Les croyants, ceux qui, pour des raisons de foi ou de philosophie religieuse, croient à une action de la divinité dans l'évolution humaine, tout en renonçant à l'idée d'une révélation primitive, sont parfaitement libres de continuer à croire que l'action de Dieu s'exerce dans l'évolution religieuse de l'humanité aux diverses étapes, ou même d'une façon continue. C'est là affaire de foi, de philosophie, de doctrine, et non d'histoire. L'histoire se borne à dire : le fait que l'on expliquait par une révélation primitive n'existe pas. — La seconde est une conception philosophique. Elle est née, parce que les philosophes du XVIII⁰ siècle manquaient du sens historique et jugeaient le passé au point de vue de l'expérience de leur temps, au lieu de se placer au point de vue des hommes du passé. Subissant à leur insu l'influence de la conception théologique antérieure, ils ont projeté à l'origine de l'humanité, sous le nom de religion naturelle, ce qui leur paraissait à eux-mêmes être la religion rationnelle, sans rechercher si cette religion parfaite avait réellement existé à l'origine de l'histoire de l'humanité. Ils ont étendu à l'histoire religieuse entière une explication qui les satisfaisait pour rendre compte des abus religieux de leur temps : exploitation de la religion par les prêtres, les théologiens et les puissants, (effet des dénonciations réciproques de la controverse religieuse antérieure, de l'autoritarisme aveugle des églises et de l'état déplorable surtout de l'Église de France), — sans même se rendre compte que logiquement c'est la religion qui engendre le prêtre et non l'inverse, qu'il y a bien des religions sans sacerdoce spécial et, en tout cas, sans sacerdoce puissant, et que, au pur point de vue historique, le prêtre apparaît ~~dans la plupart des religions~~ bien après la religion elle-même. — ~~Mais, au point de vue~~ philosophique, ils ont mis en relief des principes justes, confirmés par l'histoire des religions, à savoir que la religion est une fonction normale de la nature humaine, puisqu'on la retrouve partout où il y a des hommes, dans toutes les races et dans tous les temps, — et qu'il y a pour chaque phénomène religieux une explication rationnelle ; il s'agit seulement de la trouver. Celles qu'ils ont proposées étaient fausses, mais le principe posé par eux était juste. L'histoire devait en corriger l'application, mais pour que l'histoire pût accomplir son œuvre, il fallait qu'elle fût ainsi libérée du joug de l'autorité sacerdotale, de l'orthodoxie théologique, et que les droits de la critique, c'est-à-dire de l'application de la raison aux données de l'observation et de l'expérience historiques, fussent reconnus.

CHAPITRE V

LES RÉNOVATEURS DE L'ÉTUDE DES RELIGIONS. HERDER ET SCHLEIERMACHER

Tandis que les théologiens rationalistes allemands reprenaient la tâche entreprise au XVIIIe siècle par la France, mais délaissée par suite de la proscription des protestants et de l'écrasement des esprits religieux libres au sein du catholicisme, et que ces théologiens appliquaient des principes de critique aux documents du judaïsme et du christianisme et à la Bible elle-même, de nouvelles tendances se faisaient jour en Allemagne qui devaient renouveler l'étude des religions.

Ce n'est pas de Kant qu'il s'agit. La puissante critique kantienne, qui devait renouveler la philosophie par l'analyse des conditions de la connaissance humaine, n'exerça directement aucune influence sur l'histoire. Les rénovateurs furent Herder et Schleiermacher.

Mais à côté de Herder il faut nommer d'abord Lessing, celui qu'on peut appeler le Voltaire de l'Allemagne quoiqu'ils ne s'appréciassent guère réciproquement. Lessing est un rationaliste du XVIII° siècle, ainsi qu'en témoignent ses écrits contre la tradition orthodoxe (ses notes sur les fragments de Wolfenbüttel, — sa polémique avec Götze); mais il est trop esthéticien pour se contenter du rationalisme sec et plat, tout intellectualiste, qui règne dans le monde des disciples de Wolff. Il a subi l'influence de Spinoza à côté de celle de Leibniz. Adversaire du dogme traditionnel, comme tous les rationalistes, il n'y substitue pas les dogmes de la raison; il distingue entre le dogme, expression temporaire et imparfaite de la religion, et la religion elle-même; il proclame la valeur relative des religions positives et la tolérance (*Nathan le sage*), et dans son dernier ouvrage, *Die Erziehung des Menschengeschlechts* (l'Éducation de l'humanité), 1780, il énonce la grande idée de la révélation primitive de l'esprit divin à travers l'histoire tout entière de l'humanité, allant des connaissances inférieures à une science supérieure et de la religion d'autorité à une **libre foi morale**.

C'est cette idée-là qui est le principe central des écrits de HERDER († 1803) et surtout de son grand ouvrage : *Ideen zur Philosophie der Geschichte der Menschheit* (1784-1791, traduit par Edgar Quinet : *Idées sur la philosophie de l'humanité*). On se sent ici dans un tout autre monde que celui du rationalisme étudié jusqu'à présent. Pour la première fois nous trouvons ici le sens de l'histoire. Herder est prédicateur, mais, à la cour du grand-duc de Saxe-Weimar, il est le commensal habituel des illustrations littéraires qui se réunissent à Weimar (Gœthe, Schiller, Wieland, etc.). C'est un esprit universel, poète, historien, théologien, intuitif plutôt que critique, synthétique plutôt qu'analytique. Il ne comprend rien à la critique de la connaissance élaborée par Kant, ni à l'idéalisme transcendantal de Fichte. Sa philosophie à lui-même, en ces matières, est assez vague, c'est une combinaison étrange de celle de Leibniz et de Spinoza. Mais il a au plus haut degré le sens de la vie, de la réalité organique, et il a construit une philosophie de l'histoire de

---

1. Voir des extraits bien choisis dans Horst Stephan : *Herders Philosophie*, Ausgewählte Denkmäler aus der Werdezeit der neuen deutschen Bildung. Leipzig, Dürr, 1906.

l'humanité, à laquelle on ne peut refuser une vraie grandeur et dont l'influence a été considérable.

L'histoire de l'humanité est à ses yeux intimement liée à l'histoire de l'univers, et celle-ci à son tour est la manifestation des puissances ou forces divines, identifiées aux puissances naturelles, qui ne sont que des modes divers de l'action éternelle de Dieu. La nature de Dieu, le naturel et le surnaturel, ne sont plus opposés : Dieu est dans la nature ; il est le principe agissant, vivant; la nature est la vie en action. Aussi la philosophie de l'histoire commence-t-elle par une description de la terre et de sa place dans l'univers.

Sur cette terre, l'homme est le plus haut produit dans l'échelle des êtres organiques allant de la plante à l'animal et des animaux inférieurs à l'homme. Celui-ci est sur la limite d'une phase supérieure à la vie organique terrestre, le « monde de la liberté ».

De même l'histoire de l'humanité n'est plus pour lui l'histoire d'un individu humain abstrait; il accorde une grande importance à l'histoire sociale ; l'individu est déterminé par le milieu où il vit, par ses antécédents, ses relations, de même que la race est déterminée par les conditions naturelles (climat, ressources, etc). Herder a eu le sens des individualités collectives, de la psychologie des peuples ; il a nettement rompu avec l'individualisme du XVIII⁰ siècle, qui se projette à travers l'histoire comme un type fixe, normatif, le même aux origines de l'histoire et en tous pays qu'à Paris au XVIII⁰ siècle ; aussi réclame-t-il que, pour étudier l'homme, on étudie les peuples, sans en dédaigner aucun. Combien n'y a-t-il pas dans cette philosophie de l'histoire d'idées prophétiques, considérées aujourd'hui comme acquises, et dont la fécondité a été extrême dans l'ordre des sciences naturelles aussi bien que morales !

Assurément il en a eu l'intuition, plutôt qu'il ne les a déduites d'études historiques minutieuses et précises. Il fait trop de généralisations hâtives ; il n'a rien creusé à fond ; mais il a semé à pleines mains et d'un geste harmonieux et généreux quantités d'observations géniales. Assurément encore il y a des contradictions et des incohérences dans ses nombreux écrits (c'est une pensée toujours en mouvement sous l'impulsion d'une imagination féconde). Il se perd souvent dans ses efforts pour concilier sa philosophie avec le christianisme qu'il a mission de prêcher. Il n'a pas su, par exemple, se dégager complètement de l'idée d'une révélation primitive, jugée nécessaire à l'origine de la civilisation humaine, ni renoncer tout à fait à l'historicité des prétendus miracles, considérés comme des témoignages divins. — Mais ce sont réellement des survivances. — Cependant quelle différence, sous ce rapport, entre les *Ideen* et son écrit antérieur : *Die älteste Urkunde des Menschengeschlechts* ! D'autre part, il a subi, lui aussi, l'influence de l'idéalisation de l'homme primitif, chère aux tenants de la religion naturelle. Bref, par bien des côtés, il est de son temps.

Mais c'est un homme à facettes infiniment variées. S'il y en a qui reflètent les préjugés de son époque, combien d'autres reflètent les premiers rayons d'idées nouvelles. Il a eu comme Rousseau le sens de la religion de la nature, c'est-à-dire inspirée par le spectacle de la nature. Il a un sens très fin de la valeur historique des antiques légendes, de la poésie populaire (*Vom Geist hebräischer Poesie*, 1782-1783). Il a été l'un des premiers à reconnaître l'influence des idées orientales sur le judaïsme et le christianisme. Il a exagéré l'influence du

Zend-Avesta dans le développement religieux de l'humanité, mais il n'en a pas moins été l'un des premiers à reconnaître la grande valeur de ces écrits retrouvés par Anquetil-Duperron. Enfin et surtout il s'est efforcé de montrer la place et la valeur de chaque peuple, de chaque civilisation particulière dans le développement général de l'humanité ; il a essayé de saisir ce que j'appellerai l'âme de chaque religion, ce qui en constituait la valeur religieuse, rompant ainsi avec le dédain traditionnel, chez les rationalistes comme chez les chrétiens orthodoxes, à l'égard des religions qui n'étaient ni révélées, ni grecques ou romaines ; il a su distinguer le christianisme de l'Evangile *(religio Christi)* d'avec le christianisme dogmatique *(religio de Christo)*, et il a répandu sur toutes ses œuvres, d'une intelligence très compréhensive, le charme d'un sentiment religieux d'une grande largeur et d'une élévation morale remarquable.

Voilà pourquoi Herder, quoiqu'il n'ait pas écrit une histoire des religions, a plus fait pour l'histoire des religions que tel autre qui lui a consacré de nombreux ouvrages, tel que MEINERS, professeur à l'Université de Göttingen († 1810), polygraphe d'une grande érudition, auteur notamment d'un *Grundriss der Geschichte aller Religionen* (1785) et d'une *Allgemeine kritische Geschichte der Religionen* (1806), qui n'ont plus aujourd'hui qu'une valeur historique, quoiqu'ils aient été de leur temps d'une utilité incontestable.

L'influence de Herder me paraît très sensible chez BENJAMIN CONSTANT († 1830), qui parle souvent de lui dans son *Journal intime*. L'ouvrage de Benjamin Constant : *De la religion considérée dans sa source, sa forme, et ses développements* (1824-1831), et son appendice : *Du polythéisme romain* (posthume), fut remis vingt fois sur le chantier, au cours de la vie tourmentée de l'auteur. Entrepris sous l'influence des idées antireligieuses du rationalisme français, il fut achevé dans la conviction du caractère indestructible de la disposition religieuse de l'homme. Il y a beaucoup trop de dissertations philosophiques sur toute sorte de sujets, encore trop de polémique contre l'action néfaste des prêtres, mais, si on le compare à l'ouvrage de Dupuis, beaucoup plus érudit, on ne peut contester un grand progrès dans l'intelligence de l'évolution des religions. Il a reconnu la valeur historique des religions primitives.

Un autre de nos compatriotes sur lequel Herder a agi puissamment, c'est Edgar Quinet, son pendant français, d'un demi-siècle plus jeune, comme lui poète, historien, voyant, grand écrivain, doué du sens profond des choses religieuses, esprit généreux et parfois chimérique (*Génie des religions*, 1841), mais plus mêlé aux luttes et polémiques de son temps et faisant de l'histoire à l'appui de thèses religieuses, politiques ou sociales, plutôt que pour elle-même.

Je rattacherais volontiers à cette même catégorie d'esprits, en Allemagne, parmi beaucoup d'autres (bien que Herder, n'ayant pas de système bien nettement déterminé, ait fécondé les esprits plutôt qu'il ne fit école), le chevalier von Bunsen, ambassadeur de Prusse à Londres, dont l'ouvrage en trois volumes : *Gott in der Geschichte* (3 vol. 1857-1858), est de tendance plus apologétique, l'auteur s'efforçant de retrouver dans toutes les religions les traces de l'action divine.

Mais n'anticipons pas. J'en reviens à la transition du XVIIIe au XIXe siècle en Allemagne, au second rénovateur, Schleiermacher (1768-1834). Prédicateur, professeur de théologie à

Halle, puis à Berlin, en pleine période de romantisme et de reconstitution de la Prusse, — il fut plus spécialement théologien qu'historien de la religion, mais exerça sur l'histoire religieuse une action profonde et durable, soit par la réforme qu'il opéra du concept même de la religion, soit par l'impulsion nouvelle qu'il donna aux études théologiques en Allemagne. Il est le père de la théologie protestante moderne.

Il est impossible et il serait inutile d'analyser ici tout le système de Schleiermacher ; nous ne noterons que ce qui a une portée générale pour nos études. C'est tout d'abord d'avoir déterminé la nature propre de la religion. En opposition avec la tradition dogmatique chrétienne et avec le rationalisme, il établit dans ses retentissantes *Reden über die Religion* (1799) que la religion n'est pas une doctrine ou une croyance, ni un principe de morale, mais un état de conscience : la conscience de l'existence du fini dans l'infini et de la présence de l'infini dans le fini. Plus tard, dans sa *Dogmatique*, il exprima la même idée en termes plus simples : la religion est le sentiment de notre dépendance absolue à l'égard de Dieu (*absolutes*

Abhängigkeitsgefühl[1]). C'est un contact direct de l'esprit humain avec le monde extérieur à lui, une impression spontanée, dont il cherche nécessairement à se rendre compte. Les diverses religions et dans chaque religion les divers systèmes ne sont que des expressions différentes du travail de l'esprit humain s'efforçant de connaître et de se représenter l'objet et le contenu de ce sentiment religieux initial et d'en déduire des règles de vie.

Le sentiment religieux naît partout où l'homme entre en contact avec la vie universelle qui l'entoure : dans la nature, dans l'humanité autour de nous, dans l'histoire qui est le spectacle de l'ensemble des impressions produites sur l'âme humaine par ce sentiment religieux et qui nous permet de compléter nos propres impressions. Ce qui unit véritablement les hommes dans les sociétés religieuses, c'est moins l'unité des doctrines ou des règles de vie, que l'unité d'émotion religieuse.

---

1. Nous retrouvons cette idée plus tard chez Max Müller. Voir aussi l'*Esquisse d'une philosophie de la religion* d'Aug. Sabatiert p. 24 : « L'essence de la religion est un commerce, un rapport conscient et voulu dans lequel l'âme en détresse entre avec la puissance mystérieuse dont elle sent qu'elle dépend et que dépend sa destinée. »

La pluralité des religions — qui était justement la grosse difficulté pour les partisans de la révélation primitive ou pour les rationalistes — est ici au contraire naturelle et nécessaire. Le sentiment religieux, en effet, est éveillé et alimenté chez les uns d'une manière, chez les autres d'une autre. Ce qui, ici, est naturel à l'homme, ce n'est pas telle ou telle religion, en tant que corps de doctrines rationnelles, c'est le sentiment religieux. Ce qui constitue une religion positive, concrète, c'est le fait que le sentiment religieux y est tout particulièrement éveillé par un côté spécial, qui, dans une autre religion, ne le provoque pas ou ne l'alimente que faiblement. Les diverses religions ne sont donc que des modes divers d'interpréter le sentiment religieux. Pour connaître une religion déterminée, il faut donc dégager ce qu'il y a en elle de temporaire, de local, d'historique, c'est-à-dire ses doctrines, ses préceptes, ses institutions, pour reconnaître ce qui en fait l'originalité et la signification religieuse. Une religion positive, dit Schleiermacher, commence toujours par un fait — fait de conscience individuelle ou autre — qui exprime l'aspect nouveau sous lequel elle saisit le sentiment religieux. Une grande place est faite ainsi au rôle des individualités initiatrices dans l'histoire des religions, et c'est par là que Schleiermacher fera rentrer plus tard toute sa dogmatique spécifiquement chrétienne dans le cadre de sa conception générale sur la nature et le développement de la religion dans l'humanité.

C'est par sa *Dogmatique*, en effet, qu'il a exercé l'action la plus étendue, surtout en Allemagne : Dieu étant, en lui-même, au-dessus de toute détermination, l'Infini ou l'Absolu, la Causalité absolue (le τὸ ἐξ οὗ de toutes choses), échappe à la connaissance. Nous ne connaissons que les modes divers sous lesquels notre sentiment religieux est affecté par lui. Or, de tous ces modes de détermination du sentiment religieux, celui qui s'est opéré dans la conscience religieuse du Christ est suprême.

Nous n'avons pas à rechercher ici comment ni pourquoi, pas plus qu'à faire un exposé de cette Dogmatique, très originale et très féconde. Constatons seulement que Schleiermacher considère les dogmes chrétiens comme autant de produits de la réflexion humaine s'exerçant sur les divers états du sentiment religieux chrétien

8.

(conscience de l'union du fini et de l'infini ; délivrance de l'égoïsme individuel) ; c'est-à-dire se rattachant à la conscience religieuse du Christ. Il préconise ainsi la valeur relative des dogmes comme l'avait déjà fait Lessing, mais il donne à cette idée si féconde une base psychologique, en la reconnaissant comme la forme nécessaire de la fonction religieuse de l'esprit humain.

En même temps cependant il ouvre la porte à un procédé qui a fait une immense fortune dans la théologie protestante en Allemagne au XIXe siècle, qui ne laisse pas d'être employé encore de nos jours dans la théologie catholique également, et qui consiste en ceci : on commence par distinguer entre la lettre du dogme, c'est-à-dire entre le dogme, tel qu'il a été fixé par l'orthodoxie chrétienne, et le sentiment ou l'expérience religieuse dont il est l'expression ; on déclare que seule cette expérience (par exemple, celle du péché contre lequel l'homme livré à ses seules forces individuelles se sent impuissant) a une valeur religieuse et durable, que le dogme (par exemple, le péché originel) n'a été que l'expression imparfaite et transitoire de cette expérience ; puis après cela on maintient le dogme, pensant l'avoir suffisamment justifié en montrant qu'il fut satisfaisant au temps jadis. — Nul ne dira jamais le nombre incalculable de dogmatiques et d'études historiques sur les dogmes qui ont paru en Allemagne, — surtout dans ce qu'on a appelé le monde de la *Vermittlungstheologie*, — en application de ces principes, pour établir une conciliation entre la doctrine traditionnelle des églises et les exigences de l'histoire ou de la philosophie religieuse moderne, ni les trésors d'érudition ou d'ingéniosité qui ont été dépensés à cet effet.

Le principe cependant était juste et, en le proclamant, Schleiermacher a rendu un immense service. Il a vraiment ouvert l'intelligence de l'histoire religieuse du passé, en apprenant aux hommes modernes à reconnaître la valeur morale et proprement religieuse des doctrines du passé, alors même qu'ils en voient maintenant l'erreur ou l'insuffisance. Elles n'ont plus simplement la valeur relative de doctrines bonnes en leur temps, mais maintenant dépassées ; il y a, en outre, dans ces doctrines quelque chose qui a une valeur durable, un fait ou un ensemble de faits, des expériences religieuses qui subsistent en tant que faits de l'ordre moral et psychologique au même titre que tous les faits du passé et dont l'historien, le moraliste et le psychologue sont obligés de tenir compte. — Mais là où l'application est faussée, c'est quand on prétend ensuite conserver ces dogmes, réduits à l'état de symboles ou de formules adéquates au passé, comme formules modernes, qu'on doit interpréter conformément aux exigences de l'esprit moderne, au lieu de reconnaître que, bons pour le passé, ils ne correspondent plus à l'état présent des intelligences, et qu'il faut par conséquent leur substituer d'autres doctrines, mieux adaptées aux formes modernes du sentiment religieux. Car, en prétendant se soustraire à cette conséquence nécessaire, on se trompe soi-même et l'on trompe les autres.

Schleiermacher lui-même n'a pas été à proprement parler historien de la religion, mais sa psychologie de la religion a eu les mêmes conséquences fécondes pour l'histoire des religions que pour l'histoire des dogmes, en dégageant d'une façon définitive la distinction entre *la* religion et *les* religions, en donnant pour la première fois une détermination de la fonction proprement religieuse de l'âme humaine et un critère permettant de mesurer d'après un principe philosophique la valeur et les caractères distinctifs des diverses religions.— La tradition orthodoxe chrétienne avait distingué les religions en révélées, ou vraies ; et altérées, soit par le diable, soit par la nature humaine corrompue, ou religions fausses. Le rationalisme avait établi que la religion est une fonction naturelle de l'homme, mais sans établir la nature propre de cette fonction, qui se confondait pour lui avec la morale ou la philosophie. La religion naturelle du XVIII⁰ siècle était une doctrine religieuse, morale, rationnelle, dont les hommes avaient été détournés soit par des prêtres ou des tyrans, qui jouaient ici le même rôle funeste que le diable, soit par les passions de la nature humaine corrompue, selon la théorie de l'Église. Jusqu'à ce que la philosophie eût rétabli la vérité, c'était toujours *la* religion vraie et *les* religions fausses ; et la religion vraie, c'était celle que l'on jugeait telle (critère subjectif)..

Le sensualisme matérialiste du XVIII⁰ siècle français avait considéré les religions simplement comme des erreurs de l'esprit humain, encore insuffisamment développé, sans se préoccuper d'analyser le fait religieux en lui-même. — Lessing et Herder entrevoient déjà que toutes les religions et toutes les formes de civilisation ont leur raison d'être dans l'éducation progressive de l'esprit humain. Mais Herder n'arrive pas encore à saisir la nature spécifique du fait religieux : la religion pour lui est une intuition, mais encore de l'ordre intellectuel et moral. Elle se confond avec la civilisation.

Schleiermacher enfin reconnaît que, s'il y a dans toutes les religions des doctrines, des règles de vie, des institutions et des rites, la religion, en tant que religion, ne consiste pas en ces doctrines — ce serait alors une forme de la science ou de la philosophie, — ni dans ces règles de vie — elle se confondrait alors avec la morale, — ni dans ces rites ou ces institutions — elle serait alors simplement un département de la sociologie ; — mais ce qui donne aux doctrines, préceptes ou rites un caractère religieux, ce qui, par conséquent, est spécifiquement religieux, c'est le sentiment religieux qui les inspire et les anime, la conscience d'un lien entre l'homme — individuel ou collectif — et l'univers au milieu duquel il vit, et la variété des états d'âme que provoque en lui la conscience de ce lien.

Que Schleiermacher ait fait une analyse insuffisante de ce sentiment religieux, qu'il ait eu le grand tort de ne pas soumettre son analyse théorique au contrôle de l'histoire, cela ne me paraît pas douteux. Mais le bien fondé de la distinction même qu'il a établie entre le sentiment religieux et les religions positives ou les systèmes religieux n'en subsiste pas moins.

La détermination du sentiment religieux, d'abord, n'est pas suffisamment précise. C'est un « état de conscience » *(Bewusstsein)*, c'est-à-dire un état d'âme provoqué chez l'homme par le fait qu'il se sent en contact avec la vie universelle en dehors de lui, soit un état passif. Mais c'est aussi un sentiment (**par exemple** : crainte, admiration, élan vers, amour), c'est-à-dire un état actif. Les deux concepts sont perpétuellement mélangés et cependant ils sont distincts.

Cet état de conscience, d'après Schleiermacher, c'est la conscience de l'existence du fini dans l'infini et de la présence de l'infini dans le fini[1]. Or, ces concepts de fini et d'infini sont

1. Par ex., pour prendre un exemple moderne, accessible : l'homme en présence du ciel étoilé. Mais il faut étudier le même

d'ordre métaphysique ; ils n'existent pas à l'état conscient chez les simples, dans les religions peu civilisées, et la grande masse des peu civilisés dans les religions supérieures. L'expérience et l'histoire ne semblent donc pas confirmer cette détermination du sentiment religieux. J'entends bien que l'on répond : assurément les esprits dépourvus d'éducation philosophique n'ont pas les notions d'infini ou de fini, mais — pour employer des expressions vulgaires — quand ils sentent qu'il y a quelque chose « au delà » d'eux, « au delà » de ce qu'ils voient, entendent, touchent ; qu'il y a quelque chose « au-dessous » de l'apparence que leurs sens leur font connaître, ils ont, sans qu'ils s'en rendent compte, le sentiment instinctif qu' « au delà » ou « au-dessous » de ces phénomènes déterminés que la philosophie appelle « finis », il y a autre chose qui leur échappe, c'est-à-dire ce que la philosophie appelle « l'infini ».

Mais pourquoi alors parler de fini ou d'infini puisque ces concepts sont étrangers à l'esprit de l'immense majorité des adeptes des différentes religions? Nous retrouvons ici encore

sentiment chez le sauvage au lever du soleil, devant le germe planté, devant son totem...

chez Schleiermacher un reste de cette disposition des philosophes du XVIII⁰ siècle à se représenter que les hommes ont eu de tout temps les concepts rationnels qu'ils ont eux-mêmes.

En réalité les hommes dépourvus d'une instruction philosophique qui suppose de longs siècles d'éducation de l'entendement, n'ont même pas le sentiment de l'au-delà ou de l'au-dessous, — ce sont encore là des abstractions, — mais l'histoire des religions des non-civilisés et l'observation des simples dans les religions civilisées nous apprend qu'ils ont partout conscience d'être en relation avec le monde qui les entoure, avec les esprits, génies, puissances, ou avec l'Esprit, la Puissance, qui agit dans le monde autour d'eux. Les conceptions de ces génies, esprits, puissances, volontés, forces, varient à l'infini, mais l'élément commun, primordial, c'est la conscience d'être en relation vivante avec l'univers et les forces qui l'animent, que cet univers soit le petit coin de terre qui seul existe pour le sauvage ou que ce soit le monde infini de la science moderne.

L'histoire des religions ne nous autorise donc pas à accepter la définition du sentiment religieux donnée par Schleiermacher, mais elle nous autorise à la recevoir, à correction, en substituant à la formule abstraite et métaphysique qu'il a donnée, celle-ci : la religion c'est la conscience spontanée chez l'homme de relations vivantes entre son propre être et les puissances vivantes qui agissent dans l'univers, au sein duquel il existe, avec tout l'ensemble de sentiments, d'émotions, de représentations et d'actes volontaires qu'elle provoque.

Enfin, si Schleiermacher a eu raison de distinguer la religion de la philosophie, de la morale, de la sociologie (doctrines, préceptes, rites et institutions), il a trop exclusivement considéré les doctrines et les institutions comme des dérivés du sentiment religieux, des réactions de la pensée réfléchie cherchant à se rendre compte de l'objet de ce sentiment religieux ou à en déduire les applications pratiques. Ici encore l'histoire nous oblige à corriger la théorie. Elle nous apprend, en effet, que si le sentiment religieux suscite des doctrines, c'est-à-dire des représentations de ces puissances vivantes avec lesquelles l'homme se sent en relation (dépendance, crainte, amour, etc.), et des mythes ou des dogmes, il est à son tour profondément modifié par les progrès de la science, de la philosophie, de la morale, des institutions sociales, qui changent l'idée que l'homme se fait de l'univers, de la société, et qui modifient par conséquent aussi, la teneur du sentiment religieux éprouvé à l'égard des puissances de vie qu'il sent agissantes dans cet univers (par exemple, l'amour substitué à la crainte).

La religion est donc distincte de la science, de la philosophie, de la morale, de l'organisation sociale ; elle n'en procède pas, elle est une fonction particulière de l'être humain (ou, si l'on veut, de l'être vivant en général) ; mais elle n'est pas indépendante de la science, de la philosophie, etc. Elle agit sur celles-ci, mais elle subit aussi continuellement leur action. Elle est inséparable d'une certaine représentation, si enfantine soit-elle, de cet univers avec lequel elle se sent en relation.

CHAPITRE VI

HEGEL. — L'ÉCOLE SYMBOLIQUE, L'ÉCOLE MYTHIQUE

Tandis que Schleiermacher dégageait la religion de la philosophie et de la morale et en reconnaissait la nature distincte en tant que fonction spéciale de l'esprit humain, son collègue de l'Université de Berlin, HEGEL (1770-1831), faisait rentrer la religion et l'évolution religieuse de l'humanité dans la grandiose construction métaphysique de l'idéalisme absolu, c'est-à-dire qu'il lui maintenait un caractère essentiellement intellectuel.

Les deux hommes ne s'entendent guère, non seulement parce que leurs influences spirituelles se disputent l'hégémonie (1820-1832) dans cette Université de Berlin qui, alors à la tête des universités allemandes, fondait la grandeur scientifique de l'Allemagne et lui assurait la véritable puissance bien mieux que tous les canons ou les cuirassés de l'empereur Guillaume, — mais encore parce qu'ils étaient de tempéraments bien différents.

Comme penseur, Hegel est bien supérieur à Schleiermacher, mais non comme psychologue religieux. L'idéalisme absolu de Hegel est l'un des plus puissants efforts de la pensée humaine et il a exercé sur la science moderne une influence qui ne me paraît pas encore suffisamment reconnue, car il est le véritable créateur de la notion du *devenir*, substituée à celle de l'*être*, c'est-à-dire de la notion de l'*évolution*, prépondérante dans les sciences de la nature aussi bien que dans les sciences historiques et morales. Il l'a construite à priori, il en a fait l'analyse dialectique abstraite, et elle n'a acquis sa valeur qu'en étant appliquée à l'interprétation de l'expérience. Mais ce n'en est pas moins lui qui l'a suggérée à la science expérimentale ; car c'est la philosophie qui féconde la science expérimentale. Hegel, comme Lamarck, mais d'une autre manière, est le précurseur de Darwin et de l'histoire moderne.

Vous expliquer en quelques minutes l'idéalisme absolu de Hegel est au-dessus de mes forces. C'est le point d'arrivée de la grande épopée philosophique qui de Kant, par Fichte et Schelling, aboutit à notre philosophie. Kant, semble-t-il, avait définitivement ruiné la métaphysique par sa critique de la raison pure, en montrant que nous ne pouvons connaître d'une façon assurée que les faits de conscience, ce qui est en nous, et non ce qui est hors de nous. Mais comme nous ne pouvons même avoir la notion de ce qui est en nous sans que cela implique nécessairement l'existence de ce qui est hors de nous, Fichte, puis surtout Schelling, dans des systèmes que je demande à ne pas exposer, avaient de plus en plus donné une valeur absolue à l'esprit qui est en nous, et abouti à la doctrine que cet esprit en chacun de nous est identique à l'esprit universel. Hegel achève cette évolution en ressuscitant une nouvelle métaphysique des cendres mêmes de l'ancienne, la philosophie de l'idéalisme absolu, pour laquelle il n'y a dans l'univers qu'une seule et même réalité, l'esprit, qui est à la fois la Pensée et l'Etre et qui est le même dans la nature et dans l'esprit humain. Autrement dit, les lois de l'esprit en nous sont aussi les lois du monde extérieur à nous ; l'esprit humain et l'esprit universel en dernière analyse sont un, et il n'y a pas d'existence réelle en dehors de cet esprit universel. C'est l'œuvre de la philosophie d'en faire la démonstration dialectique.

Seulement, — et c'est là la grande force de la pensée de Hegel, — au lieu de se borner comme Spinoza ou comme les néoplatoniciens de l'antiquité à spéculer sur l'Etre, la Substance, il a montré que l'Esprit universel n'est pas un concept immobile, éternellement renfermé en lui-même, mais qu'il n'existe que sous forme de devenir perpétuel. L'esprit est dans la nature (nous dirions : les lois, l'ordre naturel) ; il ne se connaît pas ; l'esprit est dans l'homme, il ne se connaît pas et ne connaît pas la nature. L'esprit humain est le sujet, qui a en face de lui, comme objet à connaître, la nature, ou plutôt l'esprit tel qu'il existe dans la nature ; eh bien ! la science apprend à l'homme que l'esprit qui est dans la nature est identique à celui qui est en lui ; c'est-à-dire que les lois, l'ordre, tout ce qui est intelligible — et il n'y a pas autre chose — correspondent exactement aux concepts de son propre esprit. Ainsi l'esprit universel se reconnaît identique dans le sujet : l'homme, et dans l'objet : la nature. Et à mesure que la conscience de cette unité s'est établie sur un point particulier, celui-ci devient le point de départ d'un nouveau processus tout semblable portant sur d'autres points. Il y a ainsi une évolution dialectique universelle, inhérente à la vie spirituelle : une thèse est posée, elle provoque une antithèse ; puis finalement le conflit entre la thèse et l'antithèse aboutit à une synthèse. La vie de l'esprit ou — ce qui revient au même — la vie de l'univers est ainsi un *perpétuel devenir.*

Comprenez-vous maintenant comment cette philosophie a été l'initiatrice de la notion de l'évolution, fondamentale dans la science moderne, aussi bien dans l'histoire religieuse qu'ailleurs ? Il n'y a, depuis longtemps, plus guère de philosophes professant le système métaphysique de Hegel, mais par son analyse dialectique de l'esprit universel, — nous dirions aujourd'hui : la vie universelle, — par sa thèse magistrale de l'unité entre l'ordre naturel et l'ordre spirituel, il a donné à la science une impulsion décisive.

Vous vous demanderez peut-être : qu'est-ce que tout cela a à faire avec la religion et l'histoire des religions ? Eh ! tout simplement ceci, que non seulement Hegel accordait une très grande valeur à la religion dans sa construction métaphysique, mais qu'il applique à l'histoire de la religion le même principe d'évolution dialectique qu'il applique partout. Lessing, Herder, Schleiermacher avaient reconnu la valeur relative des différentes religions ; Schleiermacher surtout montrait la légitimité de tous les systèmes religieux comme autant d'interprétations du sentiment religieux. Hegel proclame non seulement leur légitimité, mais leur nécessité, le lien qui les unit les unes aux autres, la loi qui régit leur succession et leurs développements respectifs. Il les fait rentrer dans le grand courant de l'évolution humaine. Rappelez-vous que, pour Schleiermacher, chaque religion nouvelle a pour point de départ un fait religieux nouveau, un état de conscience nouveau d'une personnalité initiatrice qui saisit d'une façon propre le sentiment religieux. Pour Hegel, ce sont autant d'anneaux d'une chaîne continue, qui se relient naturellement les uns aux autres et que l'on ne connaît vraiment qu'après en avoir saisi la connexion. Ce ne sont plus seulement des pions placés les uns à côté des autres et qui surgissent à certains moments de l'histoire sans explication rationnelle.

L'histoire religieuse prend ici un caractère nettement scientifique. Le principe fondamental du système, c'est non seulement: *tout ce qui est rationnel est réel,* mais encore: *tout ce qui est réel est rationnel.* La première affirmation n'était, après tout, que le renouvellement, avec une autre justification philosophique, du principe rationaliste, et il a engendré dans l'hégélianisme (comme nous allons le voir) les mêmes abus que dans le rationalisme, c'est-à-dire qu'il a porté ses adeptes à construire la réalité à priori à coups de raisonnements, sans se rappeler que notre raison ne peut rien créer. Mais la deuxième affirmation est le principe même de la science, et c'est ce principe qui a fait la force des études historiques dans les temps modernes. Nous ne connaissons les faits du passé qu'après en avoir reconnu les causes rationnelles, c'est-à-dire qu'après avoir déterminé les antécédents dont ils procèdent et les conséquences qui en découlent. Pour les connaître scientifiquement, il faut les replacer dans la connexion des faits qui les entourent, c'est-à-dire dans leur milieu historique, dans leur temps, et ne pas les envisager en eux-mêmes seulement, au point de vue d'une raison abstraite, qui est chaque fois la raison de l'histoire et de son temps. L'histoire religieuse, telle que la fait l'hégélianisme, est absolument déterministe ; elle voit partout une évolution nécessaire : ce qui a été devait être et ce qui devait être a été. On peut contester cette conception de l'histoire, mais il n'y en a pas d'autre qui soit scientifique.

Hegel lui-même a fait l'application de sa philosophie à l'histoire dans ses *Vorlesungen über Religionsphilosophie*, publiées après sa mort en 1832 (traduction française, par A. Vera : *Philosophie de la religion*, 2 vol., 1878). La religion, chez lui, a un caractère nettement intellectualiste. Il ne méconnaît pas l'existence de la religion en tant que sentiment; mais ce n'en est que la phase inférieure (encore Hegel vise-t-il ici plutôt la sensation que le sentiment), le sens élémentaire, non raisonné, du divin; ici l'homme ne se rend pas compte de l'objet de la religion, il est encore prisonnier de la nature et des sens; il ne cherche que sa propre satisfaction, et se forge des conceptions artificielles du contenu de la religion, tantôt belles et poétiques, tantôt grossières, aussi peu justifiées les unes que les autres. Aussi, à la phase de la sensation doit succéder celle de la représentation *(Vorstellung)* ou de l'opposition, où l'homme prend conscience de sa libre subjectivité et de l'antithèse entre les représentations qu'il se fait de Dieu et lui-même, sans parvenir à résoudre les contradictions. Enfin la dernière phase de l'évolution religieuse est la pensée religieuse qui saisit l'unité intime entre l'homme et Dieu (Dieu se connaissant dans l'homme et l'homme se sachant en Dieu). La religion s'achève ainsi dans la philosophie, sous forme de *Anschauung*.

Après avoir analysé ainsi l'évolution théorique de la religion, Hegel en fait l'application aux religions positives, en les faisant rentrer dans les cadres de cette évolution, dont elles représentent les divers moments. Il distingue ainsi :

I. *La Religion de la nature* :
   1. Religion spontanée (Magie).
   2. Dédoublement de la conscience en soi ou religion de la substance :
      a) Religion de la mesure (Chine) ;
      b) » de la fantaisie (Brahmanisme) ;
      c) » de la contemplation intérieure (Bouddhisme).
   3. Transition de la religion de la nature à la

religion de la liberté; la lutte pour la subjectivité :

 a) Religion du bien ou de la lumière (Perse) ;

 b) Religion de la douleur (Syrie);

 c) »   du mystère (Égypte).

II. *La Religion de l'individualité spirituelle* :

 a) Religion de la sublimité (Juifs);

 b) »   de la beauté (Grecs) ;

 c) »   de l'utilité ou de la raison (Romains).

III. *La Religion absolue* : Christianisme.

Dans la troisième partie, Hegel fait application de ces principes dialectiques aux enseignements de la religion chrétienne, et il y retrouve la substance de toute sa philosophie. Je n'insiste pas.

On saisit à première vue combien ce tableau de l'évolution religieuse de l'humanité est artificiel. Chaque religion est ramenée arbitrairement à un caractère central unique et prend rang, à ce titre seulement, dans le développement religieux de l'ensemble. Le philosophe fait ici de l'abstraction pure, sans tenir suffisamment compte des variétés de l'évolution au sein de chaque religion particulière. L'histoire est mise ici naïvement au service de la spéculation. La religion est considérée purement et simplement comme la série des phases préparatoires de la philosophie. Elle n'est pas saisie dans sa nature propre et spécifique. Hegel a fait pour l'histoire religieuse ce qu'il a fait pour l'histoire en général : il l'a construite à priori, d'après un plan logique, au lieu de la déduire patiemment de l'observation des faits.

Il n'en faut pas moins reconnaître qu'il y a là un effort grandiose d'explication rationnelle de l'histoire universelle de l'esprit humain, — que Hegel a très bien saisi la place essentielle que la religion occupe dans cette évolution de l'esprit, — qu'il a été le premier peut-être à faire une étude aussi encyclopédique des religions (voir plus haut, p. 92 Volney, et p. 71 Roger Bacon), — qu'il a cherché à dégager la signification générale de chaque religion, sans en excepter les plus grossières dont on ne s'occupait guère alors (il est curieux qu'il ait laissé de côté l'islamisme et méconnu aussi complètement le bouddhisme). Aussi ce premier essai philosophique de classification des religions a-t-il eu une répercussion prolongée (par exemple, chez von Hartmann et d'autres). — En ce sens on peut dire que l'histoire des religions doit beaucoup à Hegel, alors même qu'elle ne peut adopter ses constructions beaucoup trop systématiques.

Sur l'histoire du christianisme et l'histoire des dogmes il a eu aussi une grande influence, moins prolongée que celle de Schleiermacher, mais du même ordre. Le christianisme, on l'a vu, est pour lui la religion absolue, la religion qui dans ses symboles et son culte présente sous forme accessible à la masse le couronnement de la religion et de la philosophie, c'est-à-dire la conscience de l'unité essentielle de l'objet et du sujet, de Dieu et de l'homme. Vous comprenez à quel point la doctrine de l'Homme-Dieu se prêtait à une interprétation hégélienne. Ce fut l'occasion d'une réhabilitation philosophique de toute la dogmatique orthodoxe chrétienne. Elle coïncidait avec le romantisme en littérature et avec la réhabilitation, au point de vue littéraire et esthétique, du moyen âge, que le XVIIIe siècle et la Révolution avaient si complètement méconnu. Par application du principe : « tout ce qui est réel est rationnel », on dégagea le sens philosophique et profond des doctrines et des institutions du passé, et l'on en prêcha le rétablissement avec un zèle d'apôtre.

Ce fut l'œuvre d'une partie des disciples de Hegel plus encore que de Hegel lui-même, enlevé prématurément par le choléra en 1831.

Mais d'une partie seulement des disciples. Car la philosophie hégélienne contenait en elle-même le principe destructeur de cette apologétique trop dédaigneuse des réalités historiques. Pour Hegel, en effet, la seule réalité vraie, c'est l'esprit, non pas l'esprit individuel, mais l'esprit absolu, universel, qui ne s'épuise dans aucune individualité particulière. Dieu se connaît dans l'esprit humain, dans son ensemble, mais non dans l'esprit de Pierre, Paul ou Jacques. Comment dès lors prétendre d'une façon légitime que l'esprit universel s'était pleinement connu (Dieu en l'homme et l'homme en Dieu) dans la personne du Christ, l'Homme-Dieu de la dogmatique chrétienne et de l'apologétique hégélienne !

Cette philosophie aboutissait logiquement à la religion de l'humanité. Puisque Dieu se connaît dans l'esprit humain, la réalité véritable, ce n'est pas l'esprit absolu, c'est l'esprit humain. Dieu devient une projection arbitraire de l'esprit humain, chez FEUERBACH (*Ueber das Wesen des*

Christentums, 1840¹) et la gauche de l'école hégélienne. Et en vertu du principe que seul le rationnel est réel, la personne de l'Homme-Dieu en qui l'unité de Dieu et de l'homme avait soi-disant pris corps, devient avec STRAUSS un mythe ; l'idée subsiste, mais sa réalisation en une personnalité déterminée s'évanouit, puisque l'esprit universel ne peut pas s'épuiser en une individualité déterminée ².

Avant toutefois de poursuivre cette décomposition de l'hégélianisme, il nous faut parler d'une école qui, à la même époque, a joui d'un prestige considérable dans l'ordre des études d'histoire religieuse et qui participe à bien des égards aux courants spirituels que nous venons de décrire. C'est l'*École* dite *symbolique*, dont le principal représentant est CREUZER, professeur à Heidelberg, dans : *Symbolik und Mythologie der alten Völker, besonders der Griechen* (première édition 1810-1812 ; édition définitive en 4 volumes, en 1819-1821 ; voir la traduction ou adaptation française de GUIGNIAUT : *Religions*

---

1. Voir aussi, de Feuerbach, la *Théogonie*, publiée en 1857.
2. [Le manuscrit de M. J. Réville porte ici cette note marginale :] Cette partie-là, avec Baur et l'école de Tubingue, sera à développer dans l'impression.

de l'antiquité considérées principalement dans leurs formes symboliques et mythologiques, 10 volumes, 1825-1851); c'est une tentative d'interprétation des mythes antiques, surtout grecs, comme autant de symboles des grandes et profondes vérités religieuses et morales.

Il faut, d'après Creuzer, distinguer entre la forme et le fond des mythes. Ils nous paraissent absurdes, immoraux lorsqu'on les prend à la lettre, mais ce qui est absurde, c'est de s'imaginer que les sages, poètes et prêtres qui les ont créés aient enseigné de pareilles puérilités. (Voir plus haut Court de Gebelin et Dupuis.) Il faut savoir dégager la noix de la coque. Les mythes de la Grèce sont étroitement apparentés avec ceux des religions de l'antique Orient. Or, il y a eu dans cet antique Orient une haute civilisation primitive, dont la religion était celle des patriarches du genre humain; les sages et les prêtres (confondus plus ou moins) de cette civilisation avaient des idées très élevées sur Dieu, l'immortalité de l'âme, la destinée humaine. Ils les ont exprimées sous des formes imagées, poétiques, symboliques, afin de les rendre accessibles à la masse moins instruite (comme les livres d'images que l'on donne aux enfants). *Ces symboles poétiques ont été propagés par la littérature et l'art ;* en se propageant ils ont perdu leur sens profond, ont été pris à la lettre, comme s'il s'agissait d'histoires réelles ; ils ont enfanté à leur tour de nouveaux récits similaires où l'imagination populaire s'est donné libre carrière. Cependant il a subsisté des groupes d'initiés qui avaient conservé la clef de ces symboles et qui en révélaient dans les *Mystères* la signification, cachée pour les profanes.

On reconnaît aisément ici, sous l'appareil érudit des interprètes modernes, un bizarre mélange des diverses théories antérieures ou contemporaines dont nous avons retracé l'histoire : 1) d'abord la croyance persistante d'une religion supérieure à l'origine de la civilisation (religion révélée ; religion naturelle), puis altérée, non pas cette fois par les prêtres, mais par la foule ignorante ; — 2) l'exagération du rôle du sacerdoce dans la formation des religions ; — 3) l'idée propagée par Lessing et Herder de la valeur religieuse et morale des antiques légendes, d'où le besoin de rechercher sous leur sens apparent la vérité générale ou humaine qu'elles renferment, mais en se plaçant pour cela au point de vue, non des hommes du passé, mais du présent (XVIII⁰ siècle); — 4) le principe de Schleiermacher, qu'il faut distinguer entre la forme et le fond des traditions religieuses et saisir l'expérience proprement religieuse qui leur a donné naissance ; — 5) le romantisme naissant, fils de Rousseau, et qui a en France son plus brillant représentant littéraire en la personne de Chateaubriand, le plus creux de nos grands écrivains, qui idéalise le sauvage et les légendes du moyen âge, tout ce que le XVIII⁰ siècle avait dédaigné, mais avec aussi peu de sens historique que lui. — Enfin la philosophie hégélienne à son tour s'associera chez certains symbolistes avec les tendances précitées.

La méthode de l'École symbolique est le plus souvent purement arbitraire. Elle transporte à l'origine de la mythologie une interprétation des mythes qui appartient en réalité à leur période de déclin et de dissolution. Nous avons vu que cette méthode de l'interprétation allégorique fut universellement appliquée par la philosophie grecque et romaine aux mythes grecs et par la théologie juive et chrétienne aux légendes et récits de la Bible, parce que philosophes ou théologiens ne pouvaient plus admettre ces mythes et ces récits et qu'ils continuaient néanmoins à les considérer comme sacrés. — Mais de quel droit affirmer qu'il y a eu à l'origine un sens caché et mystérieux, très élevé, et que les sages et les prêtres ont eu recours à des symboles pour exprimer ces vérités, qui en fait se trouvent être le plus souvent des vérités très simples que tout le monde pouvait comprendre ? Où sont les preuves à l'appui ? Si les mythologues de l'École symbolique avaient tant soit peu étudié les religions des peuples qui sont restés à un état de civilisation primitive, ils auraient constaté que nous trouvons chez eux des mythes tout à fait analogues à ceux des anciens Grecs, et qu'il n'y a pas la moindre trace de sages ou de prêtres qui auraient dissimulé de hautes vérités religieuses sous ces récits, mais que ceux-ci au contraire correspondaient exactement à la mentalité et à la conception du monde chez les non-civilisés. C'est ici le cas d'appliquer le critère reconnu plus haut (p. 114) : *Les rites, les croyances, les institutions religieuses, doivent leur origine à l'état de civilisation auquel ils correspondent.* L'École symbolique attribue des conceptions supérieures à l'état de civilisation inférieur, et réciproquement. A coup sûr on aurait tort de repousser dédaigneusement toutes les idées de l'École symbolique, comme on le fait parfois aujourd'hui, après l'avoir jadis exaltée outre mesure. Pourtant, lorsque les antiques légendes nous racontent des combats entre des dieux bienfaisants et malfaisants, il ne faut pas y voir un récit symbolique de la lutte du bien et du mal ni une explication de l'origine du mal, mais simplement des combats réels entre des dieux réels, dont les uns sont jugés bons et les autres méchants, comme il y a des combats entre des hommes, ou bien entre d'anciens dieux et de nouveaux dieux. Les hommes de civilisation primitive attribuent aux dieux ce qu'ils font eux-mêmes, sans y attacher de considérations abstraites.

Les érudits de l'École symbolique avaient raison, plus que ne le reconnurent leurs critiques, lorsqu'ils affirmaient le lien étroit qui rattache l'ancienne mythologie grecque aux mythes et légendes des religions orientales; mais ils affirmaient arbitrairement que, dans ces religions orientales elles-mêmes, c'était l'interprétation philosophique qui était primitive et non le mythe naturiste. Ils avaient raison encore quand ils soutenaient que, même sous les formes grossières ou enfantines des mythologies antiques, il faut savoir reconnaître l'idée religieuse, l'expérience religieuse, qui a assuré leur autorité et fait leur valeur religieuse pour d'innombrables générations d'hommes ; mais ils avaient tort quand ils voulaient y retrouver une valeur religieuse qui ne correspondait pas à l'état de civilisation qui enfanta les mythes. — Ils avaient raison de soutenir qu'il y a des mythes symboliques, à savoir des mythes tardifs qui naissent précisément à une époque philosophique, comme par exemple les créations mythiques du gnosticisme qui nous décrivait les amours malheureuses de l'éon Sophia pour Buthos et sa délivrance par Christos; mais ces mythes-là portent clairement la marque de leur origine tardive, parce qu'ils correspondent à un état de civilisation avancée. Quant aux autres, ils ne deviennent symboliques que bien longtemps après leur naissance, lorsqu'ils sont transportés à une époque où ils ne correspondent plus, sous leur forme consacrée, à l'état des esprits et des consciences et qu'il faut leur trouver un sens acceptable, sous peine de ne plus pouvoir les conserver. C'est là justement ce que les disciples de Schleiermacher et une partie de ceux de Hegel font à l'époque même de Creuzer pour les dogmes et pour les mythes chrétiens, ce qui confirmait les symbolistes dans leur système.

Ce qui est absurde, c'est de supposer que les hommes, au début de la civilisation, ont dit tout autre chose que ce qu'ils voulaient dire. Il faut seulement s'entendre sur le sens et la portée de ce que l'on entend par *symboles*. Quand Louis Ménard (*Symbolique religieuse*, Paris, 1898, p. 13) dit : « La mythologie est la lan- » gue naturelle des religions. Sous des formes » poétiques et plastiques elle personnifie les » Idées mères, ces principes latents et virtuels » de toute existence, qui résident au sein de la » nuit primitive, mère des Dieux », — il transporte arbitrairement aux origines de l'histoire religieuse des conceptions qui comportent déjà une longue civilisation et de la réflexion philosophique. Les simples, comme les enfants, ne saisissent pas les abstractions, autrement que sous des formes concrètes ou personnifiées. Mais ces formes concrètes ou personnifiées correspondent bien à ce que les hommes, plus tard, concevront sous des formes plus générales et plus abstraites. L'Adonis qui meurt sous les ardeurs de l'été et qui ressuscite au printemps, c'est bien la même chose que la puissance de végétation qui tarit après la moisson hâtive des pays chauds, quand tout est brûlé par le soleil, et qui à chaque printemps reparaît avec une nouvelle vigueur, — mais sous une autre forme. Entre les drames mythologiques, véritables tableaux vivants de la vie de la nature, et les phénomènes de la nature que nous expliquons (si nous les expliquons!) par des causes physiques et chimiques agissant selon un ordre rationnel, il y a unité essentielle : ce sont les explications qui diffèrent. Il ne faut pas vouloir les identifier ni les substituer les unes aux autres, mais il ne faut pas non plus méconnaître l'unité des phénomènes auxquels elles se rapportent.

La différence entre les concepts mythologiques animistes ou primitifs, et les concepts mythologiques symboliques provenant d'une époque de civilisation réfléchie, est parfois difficile à reconnaître. Dans l'Empire romain il y a des personnifications divines de qualités morales qui sont de pures abstractions divinisées, c'est-à-dire, après tout, des divinités symboliques, qui s'évanouissent lorsqu'on veut les préciser, par exemple : *Aequitas, Bonus eventus, Honos, Virtus*[1]. Mais il n'en est pas de même pour les innombrables *dii indigetes* de la vieille religion romaine, qui sont bel et bien des génies considérés comme personnels, par exemple les génies qui président à la vie du petit enfant : *Vagitanus* (lui ouvre la bouche quand il commence à crier), *Cunina* (protège le berceau), *Cuba* (protège l'enfant dans le lit), *Rumina* (au sein maternel), *Educa* et *Potina* (lui apprennent à manger et à boire), etc. On sent la différence : ces *dii indigetes* correspondent à des actes concrets, à des situations déterminées, ils procèdent de la disposition animiste, si accentuée dans la religion primitive de l'ancienne Rome, à placer une puissance active, surhumaine, un génie, derrière chaque phénomène naturel ou chaque catégorie d'actes de l'homme. C'est bien la même disposition qui a donné naissance aux personnifications de notions morales sous l'Empire, mais ces notions elles-mêmes sont des abstractions. On sent très bien que ces dernières n'auraient pas pu naître dans les temps primitifs, ni les autres sous l'Empire.

Il faut remarquer en outre que ces génies

1. V. Toutain, *Cultes païens dans l'Empire romain*, I, p. 414.

animistes à personnalité mal déterminée n'inspirent pas de mythes et que les mythes purement symboliques (par exemple ceux des gnostiques) n'ont pas grande vitalité mythique, justement parce que l'idée seule y a de l'importance. L'abstraction ne se prête pas plus à la vie mythologique qu'à la vie poétique ou plastique. Les mythes primitifs sont considérés comme des histoires réelles, non comme des symboles. Ils ne le deviennent que plus tard.

Il est un double domaine encore de l'histoire des religions où les principes de l'École symbolique méritent d'être pris en plus sérieuse considération que ne l'ont fait ses adversaires, c'est celui du *culte* et celui de l'*art religieux*, qui a une si grande importance dans la propagation de la vie religieuse.

La religion ne s'exprime pas seulement par des mythes et des doctrines, mais aussi par des rites et par des représentations plastiques (dessins, peintures, sculptures, même les plus élémentaires), emblèmes de toute sorte reproduits sur les objets décoratifs : bijoux, objets de piété, etc. Primitivement sans doute les représentations par gestes ou par images sont des reproductions de l'acte ou de l'être représenté :

par exemple, dans les religions élémentaires où l'on célèbre des cérémonies religieuses pour obtenir la pluie, en versant une libation d'eau par terre ou sur l'autel, ce n'est pas un acte proprement symbolique, mais une véritable reproduction de la chute de la pluie, avec la conviction que le semblable provoquera le semblable (magie sympathique). Mais le rite devient très rapidement symbolique, parce que, moins clair que la parole, il suggère plus facilement des interprétations différentes, des idées et des sentiments autres que ceux qui lui ont donné naissance, ou bien parce qu'il devient une réduction de l'acte cultuel primitif : par exemple, quand on substitue le sacrifice de la chevelure, ou d'une phalange du doigt, au sacrifice humain. Un grand nombre de rites deviennent ainsi de bonne heure symboliques et doivent être interprétés comme tels. De plus, en passant d'une religion à une autre, les mêmes rites perdent complètement leur sens originel et doivent, dès leur entrée dans cette nouvelle religion, être considérés comme symboliques.

A plus forte raison en est-il ainsi des représentations plastiques. Nous ne trouvons pas de symboles chez les primitifs ; mais les représentations de leurs conceptions mythiques deviennent facilement des symboles. Par exemple, nous trouvons chez presque tous les peuples, notamment chez les Sémites, le culte de certains arbres, soit à cause de la valeur de leurs produits, soit parce qu'ils sont considérés comme la demeure d'une divinité (les deux se confondent dans la mentalité primitive). Ailleurs nous trouvons l'arbre qui porte le ciel (par exemple en Paraguay, en Nouvelle-Zélande)[1]. Mais aux premières représentations de cet arbre — parfois réduit à un simple pieu d'où se détachent quelques bâtons ou auquel sont accrochés des objets — se rattachent bientôt des idées cosmogoniques ou des conceptions mythiques, et nous obtenons, soit l'arbre de vie de l'Asie occidentale, soit l'arbre paradisiaque, connu de beaucoup de peuples, l'arbre de la connaissance du bien et du mal de la Bible, l'arbre cosmogonique de l'Edda, etc., c'est-à-dire des arbres purement symboliques. — De même le disque rayonnant représentant le soleil est devenu le globe ailé des Égyptiens, représentation sym-

---

1. Cf. Goblet d'Alviella, *De la migration des symboles*, p. 166 et suiv., p. 208-209, etc.

bolique, et en dernière analyse l'auréole des chrétiens[1].

La part du symbolisme dans l'histoire religieuse est ici très considérable. L'erreur est de croire que le symbole précède l'image ou la reproduction : c'est le contraire. Mais cette erreur de la première École symbolique ne saurait nous faire méconnaître tout ce qu'il y a à garder de sa thèse sur la valeur symbolique des mythologies, des cultes et des représentations religieuses, sinon à leur origine, du moins plus tard, au cours de leur vie ultérieure. Seulement il faut procéder ici avec une grande prudence, car nulle part l'imagination ne risque davantage de se donner libre carrière au détriment de l'observation précise des faits. Tel a été le cas notamment de l'un des plus distingués de nos savants archéologues français, LAJARD (†1858), dans ses divers travaux sur le culte et les symboles de Vénus, de Mithra, du cyprès pyramidal.

M. Clermont-Ganneau, de nos jours, a montré tout le parti que l'on peut tirer de l'étude des représentations plastiques, en leur appliquant

---

1. Goblet d'Alviella, *op. cit.*, p. 251. Cf. sur la mythologie figurée : S. Reinach, *Manuel de philologie*, II, 255.

une méthode rigoureuse, pour l'explication de certains mythes, qui doivent leur origine uniquement à une fausse interprétation ou à une adaptation d'une représentation figurée ; par exemple, les Égyptiens représentaient le soleil levant, Horus, sous la forme d'un enfant qui se suce le doigt. Les Grecs ne comprirent pas, et en firent le dieu du silence Harpocrate ; le soleil, Horus, dissipant les nuages, représenté par un cavalier perçant de sa lance un crocodile, devient pour les chrétiens saint Georges terrassant le dragon.

Les représentations plastiques, vulgarisées par l'art industriel, se répandent facilement au loin, et tendent à se combiner avec d'autres types décoratifs ou emblématiques d'origine indépendante. De là des combinaisons infiniment variées et des interprétations infiniment changeantes, au milieu desquelles il est difficile de se reconnaître, à cause de leur complexité, mais dont le rôle dans la vie religieuse des peuples est très considérable.

Ce qui a manqué à l'École symbolique de Creuzer, de Guigniaut, et, au début aussi, d'Alfred Maury, c'est un critère permettant de distinguer le symbolique du réel, autrement que d'après des principes subjectifs arbitraires.

Ses adversaires les plus notables : J.-H. Voss (passionné) : *Antisymbolik* (1826), et surtout Lobeck : *Aglaophamus sive de theologiae mysticae Graecorum causis* (1829), — ouvrage très érudit, mine de documents, mais totalement dépourvu d'esprit philosophique et même d'esprit historique au sens large, — combattirent avec succès les exagérations de Creuzer et ses à-priori, mais ils n'eurent rien à lui opposer comme explication de la mythologie, car ce n'était pas une explication que de présenter la mythologie grecque comme le produit de la fantaisie capricieuse des poètes grecs, sans aucune relation avec les religions orientales, et en somme sans évolution historique, ayant la même valeur au début que du temps de la grande civilisation grecque[1].

La critique dirigée par Otfried Muller contre l'École symbolique eut autrement de valeur. Nous y reviendrons quand nous nous occuperons de l'École historique.

[2] Tandis qu'avec les disciples de Creuzer, les

---

1. Voir pour la bibliographie le *Manuel* de S. Reinach, 2ᵉ éd., I, p. 364 et II, p. 253 et suiv.
2. L'auteur pensait pouvoir donner au chapitre important qui

mythes se résolvent en symboles de vérités religieuses et philosophiques, avec une partie des disciples de Hegel, nous l'avons déjà dit, les faits de l'histoire religieuse et les doctrines traditionnelles se résolvent en mythes[1]. Le plus brillant représentant de cette tendance est D. Fr. Strauss, dont la *Vie de Jésus*, en 1835, éclata comme un coup de foudre dans un ciel encore dégagé. La personne et l'histoire de Jésus ne sont plus que l'expression imagée, la forme mythique et sensible de l'idée, l'idée étant après tout la seule réalité véritable. Nous ne pouvons pas entrer dans le détail, ni dans la comparaison de la première et de la deuxième *Vie de Jésus* (1864), où il corrige les exagérations de la première en acceptant un certain résidu historique.

La grande originalité de Strauss, c'est d'avoir introduit dans l'histoire des origines du christianisme la notion du mythe déjà appliquée à d'autres religions et même à l'histoire biblique

---

commence à cet endroit du ms. un développement plus considérable; il n'en faut voir ici que la première forme. [N. des Éd.].

1. On trouve la même tendance, à la même époque, chez beaucoup de philologues disposés à réduire en mythes beaucoup de personnages par une simple interprétation de leur nom.

de l'Ancien Testament, d'avoir par sa critique incisive détruit définitivement toutes les combinaisons harmonistiques du rationalisme chrétien, toutes les explications dites naturelles, aussi bien que les falsifications intéressées et arbitraires des rationalistes antichrétiens ou le symbolisme allégorique et forcé invoqué par les romantiques.

Dans sa *Christliche Glaubenslehre in ihrer geschichtlichen Entwicklung und im Kampf mit der modernen Wissenschaft* (1840), il appliqua la même critique hégélienne à la doctrine du christianisme traditionnel, bouleversant toute l'apologétique des hégéliens de droite, des disciples de Schleiermacher dans la *Vermittlungstheologie*. L'histoire de la dogmatique chrétienne n'est autre chose que l'histoire de l'évolution des idées. Pour chaque doctrine Strauss montre son origine dans la tradition biblique, les antithèses ou hérésies à travers lesquelles elle arrive à s'affirmer, puis sa dissolution sous l'action d'autres hérésies et finalement de la science moderne.

L'œuvre de Strauss est avant tout critique et négative. En véritable hégélien, il voit dans la religion surtout l'idée, le dogme, et ne saisit pas le sentiment religieux dont le dogme n'est après tout que l'expression[1]. Il a fait un déblayage complet. Mais il n'a pas apporté de principe d'une valeur durable à l'histoire religieuse : il n'y a pas d'école de Strauss.

Il en est autrement de FERD.-CHR. BAUR, le fondateur de l'École de Tubingue, disciple de Schleiermacher, puis de Hegel et aussi de l'École symbolique. Pour lui aussi il y a dans la religion évolution de l'idée, et par conséquent il n'est pas satisfait avant d'avoir reconnu la logique interne (l'histoire doit s'expliquer en elle-même et par elle-même, suivant les lois de l'esprit). Mais il ne se laisse pas entraîner par la tentation de construire l'histoire à priori, ni par celle de dissoudre l'histoire en idées ; il se livre à un travail intense de critique historique sur les textes et les témoignages de tout ordre, pour en reconnaître le sens vrai de leur temps, la valeur non pas seulement pour eux-mêmes, mais en connexion avec ce qui précède et ce qui suit. Et si, dans ce travail de savantes recherches, il lui est arrivé plus d'une fois, à

---

1. Voir A. Sabatier : *De la vie intime des dogmes et de leur puissance d'évolution*. Séance de rentrée de la Faculté de théologie protestante de Paris ; Leçon d'ouverture, Paris, 1889.

son insu, d'être dominé plus qu'il n'aurait fallu par la dialectique et l'esprit de système, d'autre part il a été amené ainsi à des découvertes historiques capitales, et l'on peut dire sans exagération qu'il a trouvé la clef de la première histoire du christianisme, en montrant comment l'ancienne église catholique de la fin du IIe siècle est la synthèse sortant de la thèse du christianisme juif originel et du christianisme universaliste grec, inauguré par l'apôtre Paul.

Ici encore nous ne pouvons pas entrer dans le détail. Il suffira de rappeler que directement ou indirectement l'œuvre de Baur a été le nouveau point de départ de toute la critique historique appliquée à la première histoire chrétienne durant la seconde moité du XIXe siècle, c'est-à-dire l'un des chapitres les plus riches et les plus importants de l'histoire des religions à notre époque.

Dans ses premiers travaux : *Symbolik und Mythologie*, 1824-5 ; *Der Manichaeismus*, 1831 ; *Die christliche Gnosis*, 1835 ; plus tard encore en d'autres, il a appliqué, dans l'esprit de Creuzer mitigé par Schleiermacher, ses rares aptitudes de travail à l'histoire des religions dans l'antiquité en général. Mais son action féconde s'exerça surtout dans la critique des documents du christianisme antique et dans l'histoire des dogmes.

CHAPITRE VII

L'ÉCOLE PHILOLOGIQUE[1]

Jusqu'ici le développement de l'histoire des religions avait été déterminé surtout par des influences d'ordre philosophique ou psychologique. Cette situation change à partir du milieu du XIXe siècle, — d'abord à cause du grand essor de la critique historique proprement dite, qui procède de plus en plus d'une façon méthodique, rigoureuse, en se fondant uniquement sur l'étude des textes, sans parti-pris philosophique ou doctrinal, par comparaison des documents (École historique, *vide infrà*). L'étude objective des documents du christianisme primitif fut ici la véritable école de critique pour les historiens des religions.

Ensuite, à cause d'une nouvelle influence, en-

1. [Le manuscrit de M. Réville porte cette note marginale :] Toute la première partie de cette leçon sera à développer pour l'impression, surtout en ce qui concerne les découvertes philologiques et archéologiques.

core d'ordre philosophique, mais qui porta justement les esprits à se détourner de la philosophie spéculative : le positivisme, représenté surtout par Auguste Comte († 1857). Deux éléments sont à distinguer dans son œuvre, pour ce qui nous concerne : une construction de la philosophie de l'histoire et une méthodologie. La première consiste d'abord surtout dans la distinction des trois étapes par lesquelles passe l'esprit humain : âge théologique, âge métaphysique et âge scientifique ou positif. C'est une construction évolutionniste, parallèle à celle de Hegel, mais ayant la prétention d'être fondée sur l'expérience et non sur la dialectique. Comte lui-même se chargea plus tard de montrer l'insuffisance de cette construction, au moins pour ce qui concerne la vie religieuse de l'humanité, en reconstruisant lui-même une métaphysique sociale et une religion de l'humanité. Cette œuvre de la dernière période de sa vie eut une action moins générale que la première. La distinction des trois âges est devenue un lieu commun pour un très grand nombre d'hommes modernes, et surtout l'esprit positif — à défaut de l'esprit positiviste — a acquis une autorité inconnue jusqu'alors, parce qu'il correspondait trop bien au grand développement des sciences expérimentales et à l'interprétation vulgaire du criticisme de Kant, pour ne pas devenir populaire dans le monde scientifique, en dehors des milieux spécifiquement théologiques ou philosophiques. Cet esprit positif, dans l'ordre des études d'histoire religieuse, devait porter les historiens et les psychologues à se détourner de l'idéalisme, du romantisme, des constructions systématiques de l'étude des doctrines, pour les porter vers l'étude des faits, des rites, des institutions religieuses, surtout sous leur forme primaire (*vide infrà* : École anthropologique).

Enfin et surtout l'avènement de la philologie comparée et le grand essor de l'archéologie apportèrent à l'histoire des religions, non seulement des quantités de ressources nouvelles et de matériaux jusqu'alors inconnus ou mal connus, mais encore un nouvel instrument de recherches, l'instrument philologique.

Le peu de temps qui nous reste m'empêche d'entrer dans le détail. Assurément, depuis la Renaissance, les archéologues avaient retrouvé et interprété quantité de monuments antiques. Depuis les missions des Jésuites en Extrême-

Orient, quelques religieux avaient fait connaître des textes sacrés de la Chine ; Anquetil-Duperron avait révélé le Zend-Avesta, etc., mais ces matériaux n'avaient pas encore été exploités dans l'intérêt de l'histoire des religions d'une façon méthodique, soit parce que les documents étaient incomplets et insuffisamment interprétés, soit parce qu'on n'y prenait pas suffisamment d'intérêt. Les travaux admirables de Champollion, de Colebrooke, de Sylvestre de Sacy, d'Émile Burnouf, de Stanislas Julien, de Grotefend, de Rawlinson, d'Oppert, — pour ne citer que quelques noms illustres, — assurèrent enfin le déchiffrement et l'interprétation philologique des documents égyptiens, zends, sanscrits, pâlis, chinois, assyriens, tandis qu'un peu plus tard les fouilles méthodiques entreprises en Grèce, en Italie, en Asie-Mineure (Schliemann, Evans) devaient renouveler notre connaissance des antiquités grecques et romaines ; l'*épigraphie* allait réunir les innombrables inscriptions éparses dans le monde antique et ailleurs, et reconstituer ainsi toute une littérature sur pierre ou sur bronze, dont une grande partie religieuse ; les progrès des études germaniques, scandinaves, celtiques, le patient récollement des traditions populaires en tous pays, enfin les enquêtes rendues possibles par les grands voyages d'exploration et les missions dans les parties du monde jusqu'alors inconnues ou très peu connues, ajoutèrent rapidement une quantité immense de textes, de faits, de renseignements de toute sorte à ceux que l'on possédait jusqu'alors. A noter aussi l'archéologie préhistorique (Boucher de Perthes, Broca, Mortillet, etc.).

Tels sont les facteurs dont l'action domine l'évolution de l'histoire des religions dans la deuxième moitié du XIXᵉ siècle, la dernière et la plus féconde période qu'il nous reste à étudier : École philologique; École anthropologique; École historique; École sociologique.

Ce furent tout d'abord les progrès de la philologie qui parurent apporter à l'histoire des religions un instrument de recherches merveilleux. La découverte du *sanscrit*, la plus ancienne et la mieux conservée des langues de la famille indo-européenne, par les savants anglais de la Société de Calcutta (fin du XVIIIᵉ siècle) avait permis à Schlegel (1808) et surtout à Bopp, Pott, Eugène Burnouf, de fonder la philologie comparée et d'essayer de reconstituer les éléments de la langue mère d'où procédaient les différents rameaux des langues aryennes.

Ce fut un élève de Burnouf, MAX MÜLLER, allemand d'origine, mais qui a fait sa carrière à Oxford, qui eut l'idée de rechercher par cette philologie comparée l'origine des mythes qui se retrouvent chez les divers peuples ayant parlé ces langues. Il fonda ainsi la mythologie comparée et l'École philologique dans l'histoire des religions[1].

Entre certains mythes de l'Inde et de la Grèce il y avait un parallélisme curieux. La philologie montrait que souvent les noms des dieux figurant dans ces mythes avaient une racine commune. De là à conclure que ces mythes et ces dieux eux-mêmes n'étaient que des variantes de mythes et de dieux primitifs, antérieurs à la séparation des divers rameaux de la race aryenne, il n'y avait qu'un pas. Max Müller le fit bientôt : dans un grand nombre d'écrits depuis son *Essay on comparative mythology* de 1856, il donna, grâce au charme

---

1. Cf. S. Reinach, *Manuel*, I, p. 119, les renseignements antérieurs, et II, p. 259, les essais antérieurs de mythologie comparée.

de son style et à l'éclat de son imagination, une popularité extraordinaire aux déductions tirées des austères leçons de la philologie comparée.

La découverte que Dyaushpitar = Ζεῦ πάτερ = Ju, Jov, pater = Tyr (vieux-norrois) = Tiu (germain) est assurément une des plus belles et des plus fécondes du XIX⁰ siècle[1]. Mais elle était plus féconde pour la philologie et pour l'ethnographie que pour l'histoire des religions de l'humanité. Certes, c'était beaucoup de pouvoir affirmer avec certitude qu'il y avait eu une phase religieuse commune aux ancêtres des diverses races aryennes, et plus encore peut-être de reconnaître que dès cette haute antiquité les Aryens saluaient déjà du beau nom de « père » la puissance qui brille et éclaire. Mais cela n'apprenait pas comment s'était formée cette religion aryenne primitive, ni quel était son contenu, ni surtout comment il se fai-

---

1. Voir Meillet, *La religion indo-européenne* dans *Revue des Idées*, 15 août 1907, p. 691: « une correspondance très nette, l'une des plus claires et des plus sûres qu'on possède dans tout le vocabulaire indo-européen, établit l'existence d'un terme pour l'idée de « divinité »; c'est sanskrit *devas*, lituanien *dëwas*, vieux-prussien *deiws* (génitif *deiwas*), latin *deus* (vocatif *dive*, etc.), vieil-islandais *dia*, gaulois *dévo-* (dans *Devognata*, « née d'un dieu », nom propre), vieil-islandais *tivar* (pluriel) ».

11.

sait que ce Zeus et les autres divinités que l'on pouvait ramener à une racine commune étaient devenus les héros de ces mythes et croyances bizarres sous lesquelles ils apparaissent dans les différentes religions aryennes historiques.

C'est à ce double problème que Max Müller s'est efforcé de donner une solution, d'une part en expliquant l'origine des mythologies par ce qu'il appelait une *maladie du langage*, et d'autre part en montrant l'origine de la religion elle-même dans une disposition inhérente à l'esprit humain :

1º *La maladie du langage*. — Dans le langage primitif que la philologie nous permet de reconstituer, il n'y a pas de noms abstraits, mais seulement, pour chaque objet désigné, des noms appellatifs exprimant un des attributs caractéristiques perçus par nos sens; car ce qui est primitif, ce sont les sensations et les perceptions qu'elles provoquent dans l'homme. Ainsi, pas de mot pour : temps, jour, hiver, providence. — Les noms sont donc attributifs ou qualificatifs : pour le soleil, « le brillant »; pour le feu, « le brûlant »; pour la rivière, « la courante »; pour le vent, « le soufflant ». De par la nature même de cet antique langage, tous les objets étaient ainsi individualisés, et cela d'autant plus que leur nom attributif avait nécessairement une terminaison masculine ou féminine. Max Müller rappelait que les enfants font encore de même : ils individualisent tous les objets et les considèrent comme sensibles. La personnification des phénomènes naturels (soleil, lune, feu, etc.) n'était donc pas pour Max Müller une forme naturelle de la *pensée* primitive, mais une infirmité du langage primitif. Les anciens Aryens parlent naturellement un langage mythique, dont certaines expressions, conservées encore de nos jours, peuvent donner une idée aux non-spécialistes : par exemple, le brillant (le soleil) se lève, se couche ; le coureur (le torrent) bondit et mugit, etc. « La leçon importante que nous apporte la Science du langage, c'est que toute chose qui fut dénommée le fut d'abord en tant qu'active, ensuite en tant que personnelle, et même humaine. Quand une pierre était une coupante, une dent une broyeuse, une vrille une perçante, la difficulté n'était pas comment personnifier, mais comment dépersonnifier[1]. »

Deux autres caractères de l'histoire du lan-

---

1. *Natural Religion*, p. 407.

gage ont contribué à la formation des mythes :
1° La *synonymie*, le même objet étant désigné
successivement par plusieurs attributs, par
exemple : le soleil = le brillant, le brûlant, le
dévorant, le desséchant, le fécondant, etc. ; et
l'*homonymie*, c'est-à-dire le même attribut servant à désigner plusieurs objets, par exemple :
le brillant = soleil, ciel, feu, foudre, etc. — De
là des confusions, des attributions à l'un de ce
qui a été dit de l'autre. — 2°. L'*altération phonétique* (par exemple : *pater*, latin, devient *père* ;
civitas = *cité*) entraîne l'oubli du sens attributif primitif, le mot devient un nom propre à un
objet ou un être déterminé, qui peut à son tour
être identifié avec des personnages parfaitement étrangers à sa signification primitive. Dès
lors commence l'œuvre des poètes, et l'imagination se donne libre carrière. — Exemples : Endymion, fils de Zeus, chassé du ciel, endormi
dans une caverne du mont Latmos en Carie, est
aimé de Diane Séléné, qui vient furtivement le
voir la nuit dans sa caverne, et qui, pour ne
pas livrer son secret, le condamne à un éternel
sommeil dans une éternelle jeunesse. Endymion, c'est celui qui se couche, le soleil couchant, chassé du ciel, condamné à dormir dans

une caverne de la nuit. (Latmos, en effet, de la même racine que Latone, la nuit, est devenu un nom propre de montagne.) C'est là que Séléné = la lune vient le caresser de son regard.
— Le sens du mot Endymion s'est perdu. Le mot est devenu nom propre, un beau berger, le fils d'un roi d'Élide (peut-être parce qu'un prince d'Élide s'appelait réellement ainsi, ou parce que les rois d'Élide se disaient descendants du Soleil), etc.; c'est là l'œuvre des poètes et des conteurs qui ont localisé le mythe.

Autre exemple : Daphné, fille d'un dieu-fleuve (Ladon, en Arcadie ; Pénée, en Thessalie), est aimée d'Apollon. Au moment où celui-ci la saisit, elle implore les dieux et elle est changée en laurier, arbre désormais consacré à Apollon. Or Daphné (laurier en grec), vient, d'après Max Müller, de la même racine que le sanscrit : *ahâna*[1], aurore, de la racine *ah* ou *dah* briller, brûler. La langue primitive dit : la brûlante (l'aurore) poursuivie par le brillant (le soleil) meurt aussitôt qu'il l'étreint. Le sens propre de *ahâna* s'est perdu plus tard et, l'expression transformée en grec δαφνη ayant pris le sens

1. Cf. la discussion de cette étymologie contestée dans *Natural Religion*, p. 438 et suiv.

de *laurier* (bois brûlant), le mythe est né et a été localisé par les conteurs.

Mais la signification primitive, Max Müller la retrouvait encore dans le Rig-Véda (X, 189) : « L'aurore s'approche de lui ; elle expire dès que l'être puissant qui illumine le ciel commence à respirer. » Le Véda, en effet, est un témoin inappréciable de l'état primitif : on y voit les mythes encore en formation. Il représente la phase intermédiaire entre la période du nom purement attributif et celle du nom propre.

Les premiers travaux de Max Müller sur la mythologie comparée provoquèrent dans le monde savant un véritable enthousiasme. Renan, dans la préface à la traduction française de l'*Essai de Mythologie comparée*, saluait ces découvertes comme à peu près égales à celles de la philologie comparée. M. Michel Bréal appliquait la même méthode au mythe d'Hercule et de Cacus. En Allemagne parurent les travaux d'Adalbert Kuhn sur le mythe de Prométhée (*Die Herabkunft des Feuers und des Göttertranks*, 1859) ; Schwartz, Roth, Emile Burnouf, Darmesteter, la plupart des philologues risquèrent des explications d'un ou de plusieurs mythes.

Max Müller, qui n'était pas seulement philolo-

...gue, sentit bien qu'il fallait compléter sa théorie sur l'origine des mythologies par une explication psychologique de l'origine de la religion, et, dans la seconde partie de sa vie, lorsque ses interprétations mythologiques eurent été fortement battues en brèche, sans abandonner les principes de sa mythologie comparée, expliquée par la philologie, il développa avec plus d'insistance, dans ses *Gifford Lectures*, ses idées sur la genèse psychologique de la religion et de ses différentes formes.

2° *La religion, disposition inhérente à l'esprit humain*. — Le caractère des mots du langage primitif se rattache à la condition même de l'opération de la pensée chez l'homme entrant en contact avec le monde. Il entre en contact par l'organe des sens. Toute perception des sens est déterminée; elle implique par sa détermination même quelque chose qui soit au delà. En d'autres termes, toute perception finie implique l'infini, dépassant et enveloppant le fini, dans le temps, dans l'espace, comme cause.

Assurément les hommes primitifs n'ont pas une conscience claire de ces notions abstraites et pas de mots pour les désigner, mais c'est en quelque sorte les deux faces inséparables de toutes leurs perceptions. Cette perception confuse de l'au-delà ou de l'infini dans toute perception finie est le fondement de toute religion. L'individualisation de cet au-delà, qui est nécessairement ajoutée à la perception de tout phénomène, est le résultat des conditions mêmes de la formation du langage, comme nous l'avons vu ; elle dramatise en quelque sorte la nature entière et donne naissance aux dieux et à la mythologie. Mais la stipulation même de l'audelà est la condition même de la perception du monde extérieur[1].

Le sens du divin, ainsi, est antérieur aux conceptions ou représentations des dieux. Aussi Max Müller, tout en repoussant nettement l'hypothèse de la révélation primitive et celle du monothéisme primitif au sens traditionnel, conclut-il à l'antériorité de ce qu'il appelle l'*hénothéisme*, c'est-à-dire la croyance au divin, sur le polythéisme, c'est-à-dire la croyance à de nombreux dieux, conçus comme des individualités distinctes. Les poètes védiques, disait-il, invoquent chaque divinité comme si elle était suprême ou même unique, ce qui ne les empêche pas de la considérer ailleurs comme

1. Cf. *Natural Religion*, p. 114 et suiv.

subordonnée ou d'en faire autant pour une autre. C'est la phase inorganique de la religion, qui précède le polythéisme et le monothéisme.

Voilà les grandes lignes de ce système, très brillant, mais dont l'auteur lui-même a pu encore voir l'effondrement. Dans ses éléments philosophiques, on reconnaît des origines allemandes (Schleiermacher, Schelling) et une certaine parenté avec la philosophie d'Herbert Spencer, pour qui la religion est l'effort de l'esprit humain pour saisir l'inconnaissable. Les objections que nous avons fait valoir contre la conception de la religion chez Schleiermacher (*vide suprà*, p. 137 et suiv.), sont également valables ici. Ce n'est pas l'aperception vague de l' « au-delà » qui a fait les hommes religieux, — c'est là un produit de la réflexion, — mais c'est l'attribution instinctive à tout ce qui les entourait d'un état d'existence analogue à celui dont ils avaient conscience en eux-mêmes. Max Müller a eu parfaitement raison de stipuler dans la nature humaine une disposition religieuse naturelle et instinctive, mais il a eu tort de la chercher dans les conditions de la perception, au lieu de la chercher dans la conscience des relations que l'homme saisit spontanément entre la vie de la nature qui l'entoure et sa propre vie à lui-même.

De même il a fort justement distingué l'*hénothéisme* du polythéisme, mais il a eu tort de le considérer comme une phase antérieure. Car cette même disposition à s'adresser tantôt à un dieu, tantôt à un autre, comme s'il était unique et suprême, — comme une mère qui donne tout son amour à chacun de ses enfants, sans faire tort aux uns quand elle le manifeste aux autres, — existe à toutes les phases de la religion, par exemple dans le monde gréco-romain, dans le culte des saints chez les chrétiens. Il ne faut pas confondre l'hénothéisme avec le polydémonisme inorganique, qui précède le polythéisme en effet, non pas nécessairement sous forme hénothéiste, mais simplement parce que les hommes n'ont pas encore réfléchi sur les relations des dieux entre eux.

Les parties proprement philologiques de son système lui sont pour la plupart communes avec beaucoup d'autres philologues ses contemporains. Et l'on est généralement d'accord aujourd'hui pour reconnaître qu'il y a eu là une grande part d'illusions.

Sous l'apparente rigueur des étymologies, on reconnut bientôt la large part d'arbitraire et d'imagination que comportait le système, en constatant combien peu ses représentants étaient d'accord, contestant leurs étymologies respectives et ramenant tous les mythes, les uns au soleil, les autres à l'orage, d'autres au feu, d'autres encore à la flamme du sacrifice. En réalité les racines aryennes primitives reconnues sont peu nombreuses et comportent pour la plupart un sens assez général, auquel on pouvait rattacher beaucoup de choses. Aussi les hypothèses aventureuses s'ajoutent-elles, dans ses explications, aux étymologies hasardées, de manière à aboutir à des constructions singulièrement compliquées.

De même qu'un pharmacien d'Agen, jadis, s'amusa à réfuter les explications astronomiques de Dupuis en montrant que Napoléon Ier et ses douze maréchaux n'étaient qu'un mythe solaire, de même les étudiants de Dublin, dans une charge célèbre *(Kottabos)*, établirent doctement que Max Müller lui-même n'était qu'une personnification mythique du soleil : Max Müller = le très grand broyeur (le soleil broyait les nuages) vient de l'Est; il est reçu dans l'Ouest comme un enfant du pays, habite Oxford (*ford* = gué), ce qui indique clairement qu'il se fraye un chemin à travers les nuages[1].

De plus le progrès des études védiques priva bientôt le système de son support historique. Bergaigne, Barth, Oldenberg ont dissipé l'idylle védique chantée par Max Müller. Bien loin que le Rig-Véda soit un recueil de poésies primitives, naïves et fraîches, c'est un rituel qui renferme sans doute des éléments très anciens, mais qui sous sa forme actuelle est l'œuvre d'un cercle restreint de chantres sacerdotaux, œuvre de composition très artificielle.

Dès lors l'explication proposée pour la formation des mythes n'avait plus de point d'appui dans les documents du passé. Il restait ceci : les formes primitives de la religion et toutes les mythologies doivent leur origine à de fausses interprétations du langage primitif. Or, il est parfaitement exact et démontrable que beaucoup de mythes ou de légendes doivent leur origine à de fausses interprétations, moins de paroles que de représentations et d'images

---

1. H. Gaidoz : *Comme quoi M. Max Müller n'a jamais existé*. dans *Mélusine*, t. II, p. 73.

religieuses, non seulement dans l'antiquité, mais dans tous les temps (par ex. dieux étrangers assimilés par les Grecs aux leurs par confusion d'attributs; dans le christianisme, saint Denis portant sa tête, etc.); seulement ces interprétations ne sont possibles qu'à la condition que l'état mental mythologique existe déjà. Elles ne peuvent pas le créer. Pour que les hommes se mettent à transformer une description poétique de l'orage ou du soleil couchant en un mythe où des personnages divins deviennent les acteurs d'un drame ou d'une comédie, il ne suffit pas qu'ils ne comprennent plus bien la description primitive, il faut encore que des dieux de ce genre leur paraissent être dans leur rôle en agissant de la sorte. Sans cela ils lui donneraient une interprétation différente.

Bref, la mentalité mythologique doit exister avant les mythes. Nous retrouvons ici la vieille conception d'une religion, supérieure à l'origine, qui s'est altérée et qui est devenue absurde à mesure que les hommes se civilisaient, — mais sans l'hypothèse de la révélation primitive et de la chute qui justifiait ce processus anormal.

Les philologues s'étaient renfermés dans le monde aryen. Quand on leur demanda comment ils expliquaient les mythologies toutes semblables des autres races (Sémites, Polynésiens, Amérique), ils ne purent dire autre chose que ceci : les mêmes altérations et les mêmes confusions ont dû se produire dans les langues primitives de ces races, sans pouvoir en donner la moindre preuve, — ou bien ils supposèrent, sans plus de preuves, que ces races avaient emprunté les mythes aryens, et les avaient soumis à de nouvelles interprétations erronées. Mais alors il fallait qu'elles eussent déjà la mentalité mythologique.

L'explication de l'évolution religieuse primitive par la philologie comparée ne peut donc pas résoudre les difficultés. Mais que cela ne nous empêche pas de reconnaître les grands services qu'elle a rendus et qu'elle peut rendre encore.

D'abord elle a réparti scientifiquement les divers peuples de notre globe en un certain nombre de groupes ayant une commune origine spirituelle, un passé préhistorique commun, — donnée capitale pour l'étude de l'histoire religieuse.

Ensuite elle nous a appris à **reconnaître l'origine commune d'un certain nombre de dieux** des peuples aryens. Sans doute l'identité de noms n'implique pas l'identité de valeur religieuse des dieux ; au cours de leurs pérégrinations, ils peuvent changer de nature, de même que le même mot peut finir par avoir un sens tout à fait différent de celui qu'il avait primitivement[1]. Le nom n'est très souvent qu'un piquet auquel on peut attacher toutes les bannières. La vie des langues n'est pas dans l'étymologie, mais dans la sémantique. Il y a des mythes sémitiques d'origine qui ont passé de toutes pièces sur des dieux aryens, et des mythes païens dont on a revêtu des saints chrétiens qui leur étaient totalement étrangers. — Il n'en est pas moins vrai qu'il est très important de pouvoir reconnaître avec certitude l'origine aryenne primitive de certains dieux et de pouvoir, grâce à cela, suivre leurs transformations parallèles chez les divers peuples dérivés.

L'École philologique nous a encore appris quelle part importante il faut faire dans l'histoire religieuse aux déformations des personnes et des légendes divines par les fausses inter-

1. Ainsi les *Asuras* sont chez les Iraniens des dieux bons, chez les Hindous des dieux méchants. Pour les *Dévas*, c'est l'inverse,

prétations de leurs noms, de leurs attributs, et elle a complété ainsi ce que nous avaient déjà appris l'école symbolique et l'école iconologique.

Si la théorie de Max Müller est fausse, il est vrai que l'histoire du langage est étroitement associée à celle de la philosophie et de la religion ; par exemple, à mesure que se forment des mots abstraits, la notion des divinités peut devenir plus générale et plus abstraite.

Enfin et surtout elle nous a rendu l'inappréciable service de nous faire profiter des immenses progrès accomplis dans l'intelligence des langues anciennes et de nous ouvrir l'accès d'innombrables documents de la plus haute importance, dont l'étude critique méthodique permettra un jour d'écrire véritablement l'histoire des religions.

De toute l'œuvre si abondante et si brillante de Max Müller, ce qui constituera sans doute son titre de gloire le plus durable, ce sera non seulement d'avoir assuré à l'histoire des religions sa place définitive dans le cénacle des sciences historiques et d'avoir mérité par là le titre de « père de l'histoire des religions » aux yeux du public, mais encore et surtout d'avoir ouvert par son édition des Upanishads et ensuite dirigé avec un zèle qui ne s'est jamais lassé l'admirable collection des *Sacred Books of the East*, le recueil des Bibles de l'humanité tout entière.

CHAPITRE VIII

L'ÉCOLE ANTHROPOLOGIQUE

L'École philologique avait à tel point fasciné les esprits que pour beaucoup c'était elle qui avait fondé la Science des religions et que celle-ci semblait se résoudre en mythologie comparée. Cependant les maîtres en ces matières n'avaient pas emboîté le pas à la suite des philologues.

Pour ne citer que quelques noms représentatifs, — en France, M. FUSTEL DE COULANGES (*La cité antique*, 1864), sans méconnaître l'existence des dieux généraux et de la mythologie, réclame la première place dans la religion du monde antique pour le culte des ancêtres, sur lequel repose, d'après lui, toute la vie sociale : religion de la famille, de la gens, phratrie, curie, tribu, cité, enfin de l'État, à mesure que l'organisation sociale se développe. Ce culte des Mânes, Lares, héros, dieux patronymiques, cette religion essentiellement particulariste fut progressivement dissoute par l'avènement des classes plébéiennes, par la puissance croissante de la richesse, par la philosophie avec son caractère universaliste et humain, enfin par la constitution de grands empires où se noient les distinctions locales et nationales. A la société universaliste répond enfin une religion universaliste : le christianisme.

Le principe directeur de cette construction historique, ce n'est pas l'étude comparée des langues, mais celle des croyances, des institutions et des rites, éléments absolument négligés par les philologues. Mais à son tour il abonde trop dans son propre sens. Tout en reconnaissant théoriquement le culte inspiré par les phénomènes naturels et les dieux d'un caractère plus général qui en procèdent, il ne leur accorde aucune place dans sa reconstitution de l'évolution religieuse dans le monde antique. Il ne s'occupe que du côté social de la religion, méconnaissant le côté individuel. Enfin et surtout, il ne s'occupe, lui aussi, que du monde aryen. Quand on veut appliquer son système à d'autres races, où l'évolution sociale a été différente, il ne fonctionne plus et, pour ce qui concerne les peuples aryens eux-mêmes, il ne tient pas compte des influences certaines, exercées sur leurs croyances et leurs institutions par les populations qui les avaient précédés en Asie et en Europe ou par les populations d'autres races (par exemple les Touraniens, Égyptiens, Sémites) qui entrèrent en contact avec eux.

Ce très beau livre ne nous apporte donc pas la clef de l'histoire religieuse de l'humanité, mais il en éclaire brillamment l'une des faces.

On peut en dire autant d'une théorie postérieure qui rattache également l'origine et l'évolution de la religion au culte des esprits d'ancêtres. C'est celle de HERBERT SPENCER[1] († 1904), représentée en Allemagne par LIPPERT[2] : l'homme primitif, trompé par le rêve, les états nerveux morbides (syncope, catalepsie, extase), croit à son existence en double, c'est-à-dire à la possibilité pour une partie de son être, semblable à celle qu'il voit, de se séparer de l'autre. Très impressionné par la mort, il s'explique celle-ci par un départ prolongé du double. De

---

1. Dans ses *Principles of Sociology*, 3 vol. 1876-1896 (trad. Cazelle, Paris, Germer-Baillère).
2. Sur les ouvrages de Lippert, cf. Hardy, *op. cit.* p. 212.

là, la croyance aux esprits ou revenants. Ce sont les premiers objets de culte. Ces esprits des morts se logent partout (plantes, animaux, objets, et aussi dans d'autres hommes, d'où la sorcellerie, les maladies, etc.); ils sont cause de tous les phénomènes inexpliqués de la nature. De là vient l'idée que les objets de la nature sont animés et que l'on peut agir sur eux, bref, toute la religion. L'homme redoute ces esprits et cherche à se les rendre propices. Des hommes portant des noms d'animaux ou d'objets de la nature restent dans le souvenir de leurs descendants sous forme de ces animaux ou de ces objets. Plus tard des hommes marquants restèrent dans le souvenir de leurs descendants avec leur personnalité humaine. De là vinrent les dieux anthropomorphiques. Enfin, dans la phase la plus avancée de l'évolution humaine, lorsque la science a dissipé toutes ces illusions de l'esprit interprétant la vie sans méthode, la religion, étant dépouillée des explications à priori par lesquelles elle a cru pouvoir rendre compte du monde, reste l'assurance que la puissance dont l'univers est la manifestation pour nous est complètement impénétrable, et, si elle continue à jeter la sonde dans cet abîme insondable, elle se rend compte qu'elle ne peut en parler qu'en symboles.

Il y a un amalgame de beaucoup de choses dans cette conception : résurrection de l'ancien évhémérisme ; influence de la psychologie physiologique ; confusion provenant des noms ; criticisme et positivisme ; emprunts à l'École anthropologique ; évolutionnisme darwinien. Nous n'avons pas à nous occuper de ces éléments proprement philosophiques. Mais la construction de l'histoire proprement religieuse paraît singulièrement arbitraire. Pourquoi, notamment, les esprits des morts vont-ils se loger dans les animaux et dans les objets naturels pour devenir des esprits ou dieux de la nature?

Tandis que les philologues de l'école de Max Müller expliquent la formation des dieux par de fausses interprétations des noms appliqués par le langage primitif aux objets de la nature, et négligent complètement le culte des esprits et des ancêtres, — Fustel de Coulanges attribue aux dieux de la nature une origine absolument distincte de celle du culte des ancêtres, et donne à ceux-ci une place prépondérante dans l'évolution religieuse du monde an-

1. Cf. *Premiers principes*, trad. Cazelles (1871), p. 48.

tique, — Herbert Spencer n'admet d'autre origine des religions que le culte des morts et des ancêtres, mais rattache les dieux de la nature à cette même origine en les considérant comme des esprits d'ancêtres localisés dans des objets naturels, sans l'ombre d'une preuve, du reste : c'est une construction illustrée par quelques exemples bien choisis, mais qui est en réalité toute théorique.

L'École anthropologique, elle, considère les dieux de la nature et le culte des esprits d'ancêtres, les deux formes principales des religions humaines, comme procédant l'une et l'autre du fonctionnement normal de l'esprit humain dans les phases élémentaires de son développement. Elle nous apporte ainsi une explication générale et universellement humaine s'appliquant à tous les phénomènes religieux primaires, de n'importe quelle race ou civilisation, n'étant pas le fait d'un malaise physiologique, d'une particularité du langage, mais une forme naturelle de l'activité de l'entendement s'appliquant à l'intelligence du monde ambiant.

C'est l'école la plus répandue aujourd'hui, l'on y distingue deux tendances : l'une surtout *psychologique*, qui recherche dans l'esprit humain, étudié en lui-même, l'explication des phénomènes religieux ; l'autre surtout *sociologique*, qui voit dans les religions (croyances et rites) des phénomènes à peu près exclusivement sociaux.

Bien qu'il y ait eu des précurseurs, notamment WAITZ et son successeur GERLAND, dans leur grand ouvrage : *Anthropologie der Naturvölker* (6 vol., 1858 à 1872), le véritable fondateur de cette École anthropologique est un autre maître d'Oxford, E. B. TYLOR, encore vivant[1]. Et le plus brillant propagateur a été ANDREW LANG (article *Mythologie* de l' « Encyclopédie Britannique », traduction française en 1886 par L. Parmentier ; *Custom and Myth*, 1884, et *Myth, ritual and religion*, 1887, traduction française par L. Marillier : *Mythe, cultes et religions* (1896)[2].

---

1. Dans : *Primitive culture* (2 vol., 1871 ; trad. française de Mᵐᵉ Brunet : *La civilisation primitive* (1876) ; *The early history of Mankind* (1878), etc.

2. Sur les idées différentes de Lang dans sa nouvelle phase, voir *Rev. Hist. des Rel.*, XLV, pp. 232-36, art. de Van Gennep sur : *The making of religion*, et Lehmann, dans : *Kultur der Gegenwart*, p. 26. L'École anthropologique est brillamment représentée par les ouvrages de J.-G. Frazer : *The golden bough*, 2ᵉ édit., 3 vol., 1900 (trad. française Toutain et Stiebel), *Pausanias*, *The Psyche's Task*, etc. ; F. B. Jevons, *An Introduction to the history of religions*, 1876 et 1907 ; Grant Allen, *The evolution of the idea*

Le principe de l'École anthropologique dans l'histoire des religions est nettement évolutionniste : Les formes élémentaires des religions se trouvent chez les hommes appartenant aux phases élémentaires de la civilisation. C'est dans la mentalité, dans la manière de penser et de vivre de ces hommes-là qu'il faut en chercher l'explication, par conséquent : chez les peuples non civilisés encore existants aujourd'hui ; chez ceux qui, au milieu d'une société déjà plus civilisée, en sont restés encore à l'état de civilisation inférieure de leurs ancêtres ; et dans les survivances de religions non civilisées qui se sont maintenues jusque dans les civilisations supérieures.

Ce principe en lui-même me paraît incontestable, quelque part que l'on fasse aux dégénérescences partielles et locales de certains peuples (voir la leçon sur la révélation primitive). Car, même dans ces cas de dégénérescence, les déformations de croyances ou d'institutions religieuses supérieures et les créations religieuses de l'époque d'abaissement ne peuvent avoir d'autre origine que l'état d'esprit

of God, 1897, etc. Voir aussi les travaux de Sidney Hartland, Farnell, etc.

inférieur et de civilisation diminuée de ces hommes dégénérés[1]. Deux ordres d'études se présentent donc ici : 1° les religions des non-civilisés ; 2° l'étude des survivances des civilisations antérieures, inférieures ou non, dans les civilisations historiques, ou, dans nos civilisations actuelles, dans les superstitions, croyances et coutumes populaires, pratiques religieuses populaires, contes, etc. — C'est ce que l'on appelle le folk-lore.

1° *Etude des religions des sauvages*. — Vous vous rappelez que déjà au XVIII° siècle Fontenelle et le président de Brosses, au début du XIX° Benjamin Constant, avaient entrevu la valeur capitale de l'étude des religions des non-civilisés. Mais ils n'avaient pas été suivis. D'ailleurs la connaissance méthodique de ces religions n'était pas encore possible. C'est au cours du XIX° siècle que le grand développement des missions et des explorations de toute sorte et la

1. Rappelons ici un critère précédemment énoncé (p. 114) : Les rites, les croyances, les institutions **religieuses** doivent leur origine à l'état de civilisation auquel ils **correspondent**. Lorsqu'en des endroits déterminés il y a eu, pour une cause quelconque, dégénérescence d'une civilisation, nous le **reconnaissons** à ceci que certains textes ou monuments, d'une valeur supérieure, sont sans aucune corrélation avec l'état inférieur des **populations** où ils subsistent (par exemple le temple de Mercure, à Pœstum).

curiosité plus générale à l'égard des sauvages, éveillée en partie par le romantisme et servie par le perfectionnement des moyens de transport, l'extension du commerce et la concurrence industrielle, ont provoqué la formation de la documentation abondante et précise qui, seule, permet d'établir des jugements d'une portée générale.

Or, l'étude de ces données aujourd'hui innombrables sur les croyances, pratiques religieuses et institutions des non-civilisés de toute race, de toute langue, dans toutes les parties du monde, a montré qu'il y a, entre tous ces produits religieux des populations non civilisées qui, pris isolément, paraissent bizarres, dénués de toute logique et issus de l'imagination la plus capricieuse, de surprenantes analogies essentielles, une uniformité fondamentale dans les procédés et, comme le dit Marillier, une véritable « monotonie des idées que les diverses races se sont faites des causes ultimes des phénomènes, de l'origine et de la destinée des hommes ». Le mode de leurs relations religieuses avec le monde ambiant procède partout des mêmes conceptions simplistes et naturelles pour le psychologue.

Ils correspondent, en effet, à l'état mental que l'on constate par l'observation directe, aujourd'hui encore, chez les non-civilisés, soit parmi les sauvages ou demi-sauvages, soit parmi les hommes peu cultivés qui se trouvent encore en si grand nombre dans les régions écartées de nos pays civilisés, soit enfin chez l'enfant, qui commence par un état de civilisation rudimentaire.

Cet état mental porte l'homme à se représenter comme vivant et animé tout ce qui, autour de lui, frappe son imagination, tout ce qui exerce sur lui une action quelconque, en vertu de l'analogie naturelle qui s'impose à lui avec ce qui se passe en lui-même. Quand il fait lui-même un mouvement, il sait que c'est lui qui est la cause de ce mouvement. De même tout ce qui bouge, agit, fait du bruit, produit un effet quelconque, se présente normalement à son esprit comme l'action de quelqu'un. Il n'a aucune notion de ce que nous appelons les forces de la nature; sans être d'ailleurs plus que lui capables de dire ce que nous entendons par là. Il ne fait pas la distinction que nous faisons entre les règnes minéral, végétal et animal, et que nous faisons peut-être trop absolue.

En un mot, il anime la nature entière, sans faire pour cela la distinction entre l'âme et le corps. Lui-même s'attribue, sans aucune notion de spiritualisme, une ou plusieurs puissances de vie ou âmes qui sortent de lui ou que l'on peut en faire sortir[1]. Herbert Spencer dit qu'il est absurde de supposer que l'homme primitif ne sache pas reconnaître la distinction entre l'animé et le non animé. Mais non, c'est au contraire parfaitement logique et rationnel, en l'absence de toute réflexion scientifique. L'enfant fait de même. Il prête des intentions hostiles ou bienveillantes à son égard, au tonnerre, à la lune, à ses jouets; quand il se cogne à une table, il la frappe, etc., etc. Il se sent ainsi en relations vivantes avec tous ces êtres ou objets animés qui l'entourent. Ils agissent sur lui et il peut agir sur eux. Mais il se sent en général dépendant d'eux et par conséquent il leur doit des égards, soit qu'ils le protègent, soit qu'il redoute leur action.

Nous ne pouvons pas suivre ici tout le développement de cette représentation générale de la nature : naturisme, animisme, spiritisme, fé-

1. Voir Lehmann, dans *Kultur der Gegenwart*, p. 16.

tichisme, etc. C'est le principe qui nous importe. Il n'y a là aucune dégénérescence, aucune infirmité du langage; il n'y a pas là uniquement un produit du rêve. Il y a le mode naturel de se représenter les choses, d'après l'analogie des seuls phénomènes dont l'homme ait conscience, c'est-à-dire de ce qui se passe en lui-même.

C'est cette « animation » générale de la nature qui fournit à la religion son premier thème. En elle-même assurément elle n'est pas à proprement parler religion, mais bien plutôt la forme élémentaire de la science, c'est-à-dire une première explication de la nature, de caractère anthropomorphique. Mais cette première représentation de la nature est éminemment propice au développement de la religion[1]. Science et religion sont ici associées d'une façon si étroite qu'il est impossible de les séparer. En effet, elle provoque incessamment les efforts de l'homme pour entrer en relations avec ces êtres vivants, ces esprits ou âmes, qui agissent constamment autour de lui, sur lui,

1. [Le manuscrit de M. J. Réville porte cette note marginale :] A signaler ici le rôle de la magie (cf. le mémoire de Lehmann sur les religions primitives dans *Kultur der Gegenwart*).

en lui, auxquels il ne peut se soustraire, avec lesquels il a un commerce perpétuel, soit pour les écarter, les apaiser, soit pour les attirer et les associer à son œuvre. C'est là, nous l'avons vu (p. 139), le propre de la religion depuis les formes les plus élémentaires des vagues terreurs religieuses du sauvage le plus inculte, qui se sent entouré d'êtres vivants mystérieux pour lui, jusqu'au recueillement de l'idéaliste panthéiste le plus éthéré, qui cherche la communion complète et suprême avec l'esprit universel, l'âme du monde dont la mystérieuse présence s'impose à lui dans le kosmos. Ces représentations animistes des non-civilisés sont enfantines, mais le principe n'en a pas moins une valeur permanente et universellement humaine. Là où il n'y a plus ni âme ni esprit dans l'univers, sous quelque forme que ce soit, il n'y a plus de religion, — et je crains bien qu'il n'y ait pas davantage de connaissance possible de l'univers, car nous ne pouvons pas sortir de nous-mêmes ni nous représenter les principes de mouvement et d'action, les forces, autrement que par analogie avec les forces dont nous avons conscience en nous-mêmes.

C'est à cette animation universelle de la nature et à la mentalité élémentaire du non-civilisé que correspondent également les représentations, bizarres pour nous, de toutes les mythologies. Sous la variété infinie des détails, elles présentent à travers le monde entier les analogies fondamentales les plus marquées : formes animales des dieux ; transfert aux dieux, dans des proportions gigantesques, d'actes de la vie humaine ou animale, etc. ; mythes analogues sur un déluge, terre pêchée des eaux, enlèvement du feu, héros enfanté par une vierge, etc.

Un seul exemple emprunté à Lang (*Mythes, Cultes et Religions*). D'après le missionnaire jésuite, Paul le Jeune (1636), les Hurons racontent qu'à l'origine il y avait deux frères : l'un, Joshéka, tua l'autre et devint le père de l'humanité et le patron des Iroquois. Mais la terre était aride. Alors Joshéka tua la grenouille gigantesque qui avait avalé toutes les eaux et répartit celles-ci en rivières et en lacs. — En Australie les indigènes des bords du lac Tyers racontent qu'à une certaine époque la terre était desséchée, parce qu'une gigantesque grenouille avait avalé toutes les eaux. Toutes les

créatures décidèrent qu'il fallait faire rire la grenouille pour lui faire rendre gorge. Ce fut l'anguille qui, en dansant sur sa queue, obtint ce résultat. Beaucoup de personnes furent noyées.
— Dans les îles Andaman (golfe du Bengale), c'est un crapaud qui, pour se venger d'un pivert qui lui a fait une farce, avale toute l'eau des lacs et des rivières. Les oiseaux souffrent de la soif. Le crapaud, pour les narguer, se met à danser et les eaux s'échappent.

Il est inadmissible que ces récits soient empruntés les uns aux autres. Mais le fussent-ils, qu'il faudrait encore expliquer comment le premier put être inventé. C'est la mentalité du non-civilisé aussi bien que celle de l'enfant qui est nécessaire pour cela. Le merveilleux pour eux, bien loin d'être l'impossible, paraît au contraire plus séduisant que le naturel. Ils ne font aucune distinction entre le naturel et le surnaturel. Ils n'ont aucune idée de ce que nous appelons l'ordre naturel. Une paysanne inculte croit beaucoup plus volontiers que sa vache meurt parce qu'une voisine lui a jeté un sort que parce qu'elle a avalé des microbes provenant d'un animal malade. Dites à un enfant que le chat a mangé la lune, il le croira parce qu'il n'a aucune idée de ce qu'est la lune. Toutes les petites filles savent que les enfants naissent dans les choux, où ils sont déposés par le bon Dieu, par les anges ou par les oiseaux.

Les mythes et légendes issus de cette mentalité primitive se conservent à l'état de contes divins ou d'épopée divine. Les uns sont fixés par la rédaction écrite, par les poètes, par les théologiens primitifs, qui souvent les embellissent; les autres s'incarnent en quelque sorte dans des rites, des institutions religieuses, des pratiques qui subsistent souvent bien longtemps après que la représentation mythique à laquelle elles correspondent a disparu, — ou bien des images, des représentations matérielles qui leur donnent une forme sensible; d'autres encore se conservent à l'état de contes ou de traditions populaires. Et rites et contes se perpétuent et se répandent à travers le monde.

2º C'est ici qu'intervient l'*étude du Folk-lore*, c'est-à-dire de toutes les coutumes, pratiques, croyances, superstitions, légendes, contes qui se conservent dans la tradition populaire ou dans la tradition orale des populations qui ne sont pas encore envahies par le déluge de publications imprimées, lequel fait disparaître tous ces vieux souvenirs.

L'étude du folk-lore a pris un très grand développement au XIXe siècle. Elle fut fondée par les frères GRIMM, dans leurs célèbres recueils de *Kinder- und Hausmärchen*; cultivée par les germanistes, tels que MANNHART, ELARD, HUGO MEYER, SIMROCK, W. SCHWARTZ, parce que l'ancienne religion germanique n'a guère laissé de documents écrits; par les celtisants, par les historiens de la littérature médiévale (chez nous, dans la *Romania* de PAUL MEYER et GASTON PARIS); puis en elle-même et d'une façon plus générale, par GAIDOZ (dans *Mélusine*), SÉBILLOT (*Revue des traditions populaires* et son grand ouvrage : *Folk-lore de la France*), et par de très nombreux auteurs, en Angleterre (publications de la *Folk-lore Society*, 1879), en Amérique (*American Folk-lore Society*, 1888), en Allemagne (BASTIAN, etc.), en Italie (PITRÉ), partout enfin.

Aujourd'hui le nombre des recueils de documents est immense. C'est un vrai déluge. Malheureusement ils sont de valeur très inégale. L'étude critique des documents est encore pour la plus grande partie à faire et elle est très difficile à cause du caractère vague et flottant de ces matériaux. La tentative de BENFEY pour établir que l'Inde a été le véritable berceau de tous les contes populaires de l'ancien continent a échoué. Elle correspond à la période de splendeur de l'école philologique. Ce qui est vrai, c'est que le bouddhisme, avec sa facilité à s'adapter les traditions religieuses des pays où il s'est répandu, et avec son caractère universaliste, a beaucoup contribué à la propagation des contes. Mais le commerce, les conquêtes, l'esclavage, le judaïsme, le christianisme, également. Il y a des contes dont on retrouve des traces jusqu'à deux à trois mille ans en arrière. D'autres contes analogues se retrouvent dans des régions qui ne semblent pas avoir eu de relations avec le continent asiatique. Même observation pour les emblèmes. Les superstitions et les pratiques dites superstitieuses, ont plus souvent une aire limitée; mais elles aussi présentent un petit nombre de caractères essentiels communs qui se retrouvent dans le monde entier, parce que les procédés de l'esprit humain encore peu civilisé sont partout les mêmes.

Le folk-lore apporte ainsi un concours précieux à l'histoire des religions par son abondante documentation. A un point de vue général, il est précieux surtout parce qu'il confirme les conclusions suggérées par l'étude des non-civilisés. Mais il reste beaucoup à faire pour l'utilisation scientifique de tous ces matériaux, qui ne sont pas encore convenablement classés, qui ne le seront que lorsqu'ils seront l'objet de nombreuses monographies.

Comme je l'ai déjà dit, parmi les nombreux historiens des religions qui ont adopté la méthode anthropologique, les uns ont surtout recherché la signification psychologique des documents, les autres surtout leur valeur sociologique.

Parmi les premiers, je citerai entre beaucoup d'autres, encore vivants, mon cher et regretté ami Léon Marillier, qui, avec mon père, a introduit chez nous l'étude scientifique des religions des non-civilisés et qui a brillamment appliqué cette méthode dans la *Revue de l'Histoire des Religions*. En général aussi, les représentants de l'école proprement historique *(vide infrà)* ont utilisé surtout les matériaux des anthropologistes comme documents pour la psychologie religieuse de l'esprit humain à un degré inférieur de développement. Et ils en ont tiré un grand profit.

Aujourd'hui, dans l'entraînement général qui porte nos contemporains vers les études sociales et vers la sociologie, à une époque où le socialisme habitue les hommes à la subordination complète de l'individu à la société, c'est l'interprétation *sociologique* des religions qui séduit beaucoup de ceux qui étudient l'histoire des religions [1]. Déjà préconisée par J.-M. GUYAU dans son beau livre, si plein de choses contestables *(L'irréligion de l'avenir)*, elle est représentée chez nous par M. DURKHEIM et ses disciples, notamment dans l'*Année sociologique* [2]. Pour ces ethnographes et sociologistes les religions sont essentiellement des phénomènes sociaux. Ils l'étudient dans ses relations avec les institutions, les groupements sociaux, les émotions sociales, et en arrivent parfois à mé-

---

1. Voir la *Zeitschrift für Völkerpsychologie und Sprachwissenschaft*, de Lazarus et Steinthal.

2. Voir en particulier E. Durkheim : *De la définition des phénomènes religieux* dans *Année sociologique*, t. II (1898), et *Sur le totémisme*, A. S., t. V.; Hubert et Mauss : *Essai sur la nature et les fonctions du sacrifice*, A. S., t. II, et *Esquisse d'une théorie générale de la magie*, A. S., t. VII; Bouglé : *Remarques sur le régime des castes*, A. S., t. IV, etc.

connaître à peu près complètement l'élément individuel de la religion.

C'est une pente sur laquelle se laissent facilement entraîner ceux qui abordent l'histoire des religions uniquement par le côté de l'anthropologie et de l'ethnologie primitive. Le rôle des individualités est, en effet, beaucoup plus restreint chez les peu civilisés et, surtout, il nous est beaucoup plus difficile d'arriver à le connaître. L'histoire des religions plus développées nous apprend, au contraire, quelle place capitale il faut faire aux individualités dans l'évolution religieuse ; ce sont elles, en effet, qui sont les agents actifs des transformations dans les doctrines, les institutions et même dans les rites. Sans doute il ne faut pas isoler ces individualités initiatrices, même les plus grandes, du milieu social où elles ont vécu et en dehors duquel on ne peut les comprendre, mais il faut se garder d'en méconnaître le rôle personnel. Car, après tout, l'humanité, la société, les groupes collectifs, ne sont jamais que des abstractions de notre esprit ; dans la réalité il n'y a que des esprits individuels [1].

1. [Le ms. de M. J. Réville porte cette note marginale :] A rajouter ici la nécessité de développer l'étude psychologique des religions

L'École anthropologique n'échappe donc pas plus que les autres au danger de trop abonder dans son propre sens *(Einseitigkeit)*. Pour beaucoup de nos historiens actuels des religions, il semble qu'il n'y ait que des religions de non-civilisés, que c'est chez ceux-ci seulement que l'on peut étudier l'histoire religieuse. Non contents de relever les survivances des religions non civilisées dans les religions supérieures, ils ont une tendance à ramener celles-ci tout entières aux seuls éléments qu'ils ont dégagés dans les religions primaires : ils voient partout des tabous et des totems. Alors qu'il y a de grandes religions dont nous pouvons suivre l'évolution à travers de longs siècles, par exemple le Bouddhisme, le Judaïsme, le Christianisme, l'Islamisme, ils s'abstiennent délibérément de s'occuper de ce qui caractérise les phases supérieures des religions, en alléguant leur complexité, mais en oubliant, d'autre part, que nous sommes documentés à leur sujet d'une façon singulièrement plus précise et plus continue.

Tout en faisant notre profit des enseignements

(William James; Wundt; l'école psychologique française, surtout physiologique).

très précieux que l'École anthropologique nous apporte, — et ils sont grands, surtout pour ce qui concerne les si nombreuses religions élémentaires,—nous ne devons donc pas plus nous inféoder à elle qu'à aucune de celles qui l'ont précédée. La revue que nous venons de faire de tant de systèmes et de théories qui toutes prétendent fournir la clef de l'histoire des religions, doit nous rendre prudents.

CHAPITRE IX

L'ÉCOLE HISTORIQUE

Quoique je vous aie expressément avertis que je n'entendais pas vous donner une énumération complète des historiens des religions, mais seulement mentionner ceux qui paraissent représenter de la façon la plus fidèle ou la plus éclatante les différentes méthodes préconisées pour la reconstruction de l'histoire religieuse, vous avez dû cependant éprouver quelque étonnement de ne pas m'entendre prononcer certains noms qui sont parmi les plus connus dans le domaine de nos études.

J'ai, en effet, systématiquement laissé de côté ceux qui ont été simplement historiens, sans s'inféoder à l'un des systèmes exposés. J'ai gardé pour la fin ceux que j'appellerai les représentants de l'École historique.

Mais ici mon embarras devient extrême.

D'abord ils sont très nombreux, ensuite la caractéristique de leurs travaux ne réside pas dans un système qu'il soit possible de résumer. Chacun d'eux a eu, sans doute, ses qualités particulières et chacun a enrichi le capital de nos connaissances sur une ou plusieurs religions particulières qu'il a plus spécialement étudiées. Mais il faudrait faire une étude individuelle de chacun d'eux pour vous permettre de les apprécier.

Ce qu'ils ont en commun, c'est de ne pas avoir de système commun, ni même le plus souvent de système individuel bien nettement tracé; c'est d'avoir une même méthode, la méthode historique ou critique, qui est la même dans les études d'histoire religieuse que dans tous les autres domaines des études historiques.

Sans s'interdire de puiser d'utiles instructions dans la comparaison des religions et dans les travaux des écoles systématiques, ils ont fait plutôt de l'histoire des religions que de l'histoire comparée des religions, parce qu'il leur paraissait que la condition première pour pouvoir faire l'histoire comparée des religions et dégager les lois et principes de l'évolution religieuse, **c'est de bien connaître** les diverses religions qu'il s'agit de comparer, et pour cela de les étudier scientifiquement, d'une manière beaucoup plus approfondie que cela n'avait été fait auparavant.

Je me suis déjà expliqué dans ma leçon d'ouverture sur la nature et les exigences de cette méthode historique : « Recherche
» et collation de tous les documents qui
» se rapportent au sujet étudié, analyse mi-
» nutieuse et précise de ces documents, que
» ce soient des objets matériels, des monu-
» ments, des inscriptions ou des textes litté-
» raires, des noms, des représentations figu-
» rées, des rites ou pratiques cultuelles. Ces
» témoignages doivent être étudiés par l'histo-
» rien directement, dans leur langue originale,
» replacés autant que possible dans le milieu
» géographique, social et mental auquel ils
» ressortissent. »

Ce dernier point est essentiel. Gardons-nous d'interpréter les documents, les rites, pratiques, traditions, d'une façon abstraite, en dehors du temps et de l'espace. Le même texte, le même emblème, la même pratique, ont un sens et une valeur très différents suivant l'époque et suivant le milieu où ils figurent, et ce sens et cette valeur ne sont le plus souvent pas les mêmes à leur origine que dans les phases ultérieures de leur développement, par exemple, le pain et le vin de la Cène pour les premiers chrétiens, pour les catholiques romains, pour l'Église grecque, les protestants, protestants luthériens, protestants réformés, orthodoxes, pour les mystiques, les rationalistes. Elles peuvent, à la même époque, varier infiniment d'un pays à l'autre ou d'un groupe à l'autre, par exemple le Royaume de Dieu matériel de l'Apocalypse et de Papias, et le Royaume de Dieu tout idéaliste de Clément et d'Origène.

C'est le grand mérite de K. OTFRIED MÜLLER, l'un des adversaires de l'École symbolique, d'avoir posé les règles d'une sage méthode d'enquête historique dans les études de mythologie, aussi bien que les historiens du christianisme tels que Gieseler et Hase les faisaient valoir dans l'histoire de l'Église chrétienne. Voir surtout, d'Otfried Müller, les *Prolegomena zu einer wissenschaftlichen Mythologie* (1825). Il se renferma volontairement dans l'étude de la mythologie grecque, s'efforçant de reconnaître le développement historique de chaque mythe à l'aide de renseignements fournis par la littérature et l'archéologie grecques, puis de le rattacher à sa localité originelle, de le situer dans le pays grec et dans la langue grecque, enfin de l'expliquer par la disposition mythique de l'esprit grec primitif, qui concrétise et représente sous forme dramatique les impressions produites par le spectacle de la nature et les souvenirs historiques recueillis des ancêtres.

Ce que K. Otfried Müller et, à sa suite, d'innombrables hellénistes, philologues, archéologues, historiens ont fait pour la Grèce, des légions d'autres travailleurs l'ont fait pour toutes les autres religions. Pour passer leur œuvre en revue, il faudrait dresser le tableau de toutes les œuvres historiques portant sur les différentes régions du monde (Égypte, Assyrie, Perse, Inde, Chine, Sémites, Judaïsme, Christianisme, etc). Nous ne pouvons pas y songer. Mais il nous faut proclamer que là s'est fait le travail le plus utile pour l'histoire des religions, l'élaboration de bons et solides matériaux.

Cependant l'insuffisance de cette étude historique étroitement limitée à la religion d'un peuple ou d'une langue éclate dans l'œuvre même de K. Otfried Müller, et les grands travaux de la philologie comparée et de l'anthropologie ou ethnologie comparée ne purent que rendre ces lacunes plus sensibles. Assurément K. Otfried Müller recommandait à ses disciples de se familiariser avec toutes les mythologies du monde, même celles des sauvages (ce qui était prophétique en son temps), pour arriver à mieux comprendre l'esprit mythologique, si étranger au nôtre. Mais il se refusait à chercher en dehors de la Grèce des éléments constitutifs des mythes grecs et des influences religieuses déterminant l'évolution religieuse de la Grèce. Il faisait pour le monde grec ce que les historiens du Judaïsme et du Christianisme ont fait si longtemps pour ces deux religions : il les étudiait en elles-mêmes, comme si elles avaient eu un développement purement autonome, sans action des milieux divers où elles s'étaient propagées, et sans qu'elles se fussent incorporé des éléments étrangers au cours de leur existence séculaire.

Or, les progrès de la philologie aryenne d'une part, ceux de l'orientalisme d'autre part (Égypte, Assyrie, Sémites), obligèrent les plus récalcitrants à reconnaître que dans la civilisation grecque il y a un très grand nombre d'éléments qui sont d'origine étrangère. Par conséquent, l'histoire religieuse de la Grèce, pas plus que son histoire économique ou artistique, ne peut se reconstituer sans tenir un grand compte de ces éléments étrangers.

Il n'est donc pas possible d'étudier scientifiquement les religions de la Grèce sans appeler à la rescousse les religions sémitiques, égyptienne, celles de l'Asie-Mineure et de la Thrace, le vieux fond aryen provenant des ancêtres lointains. Ce n'est pas seulement pour se familiariser avec l'esprit mythologique que l'historien de la mythologie grecque devra étudier les religions des autres peuples, c'est encore pour être capable de reconnaître la vraie nature, la provenance, la signification originelle de beaucoup de mythes grecs eux-mêmes.

La méthode particulariste, prudente, mesurée, strictement analytique de K. Otfried Müller et des hellénistes, n'en reste pas moins la condition première de l'histoire de la religion dans le monde grec, mais elle a besoin d'être complétée.

La même expérience faite ainsi par les historiens religieux du monde grec a été faite à divers titres par leurs confrères dans les autres provinces de l'histoire religieuse. Aucune ne se suffit à elle-même. Et cette insuffisance est d'autant plus sensible que nous avons affaire à des religions par elles-mêmes moins bien documentées. Car ici nous avons non seulement à tenir compte de l'action exercée par les religions du dehors, mais nous sommes encore obligés de recourir aux analogies fournies par les autres religions pour chercher à comprendre nos documents insuffisants et, si possible, à les compléter. Ce besoin de recourir aux rapprochements et aux comparaisons avec d'autres religions sera donc particulièrement vif, même chez les adeptes les plus convaincus de la méthode strictement historique, lorsqu'ils auront affaire aux religions des époques primitives, pour lesquelles la documentation directe est toujours le plus pauvre.

Voilà comment il se fait que l'École historique a été amenée à reconnaître la nécessité de l'histoire générale des religions, dans l'enseignement et dans des publications, comme condition indispensable des études complètes et fructueuses sur les histoires particulières de chaque religion.

Les maîtres qui l'ont pratiquée, soit dans une série d'études séparées, soit dans des manuels, ou des séries historiques, sont avant tous :

Renan, à la fois philologue, historien et esthéticien, dont le talent littéraire a beaucoup contribué à vulgariser ces études ; — Tiele, de Leyde, auteur du premier manuel général d'histoire des religions, d'une *Histoire générale de la religion dans l'antiquité jusqu'à Alexandre le Grand*, de l'article *Religion* dans l'*Encyclopédie britannique*, des *Éléments de la Science des religions (Gifford Lectures)*, etc., écrivain circonspect et judicieux, familiarisé avec la philosophie religieuse et les grands travaux critiques du protestantisme libéral, tout comme son ami et compagnon d'œuvre Albert Réville, qui fit une œuvre parallèle en français, avec quelle sérénité d'esprit et quelle largeur d'intelligence, je n'ai pas besoin de le dire ici (*Essais de critique religieuse*, *Prolégomènes*, *Religions des peuples non civilisés*, *Mexique et Pérou (Hibbert Lectures)*, *Chine*, *Jésus de Nazareth*, et d'innombrables articles) ; — Chantepie de la Saussaye, théologien hollandais, auteur du manuel le meilleur, mais désormais en collaboration (traduction française Hubert et Isidore Lévy) ; — Pfleiderer (*Religionsphilosophie auf geschichtliche Grundlage*), le philosophe de l'École historique, — von Orelli, de

Bâle, auteur d'un Manuel, — GOBLET D'ALVIELLA, MORRIS JASTROW, beaucoup d'autres qu'il serait long d'énumérer. — Voir aussi la collection des *Handbooks on the history of religions* ; la collection de la *Religionsgeschichte in Einzeldarstellungen* ; les *Annales du Musée Guimet*, etc.

Cette énumération sommaire suffit à montrer que les maîtres de l'École historique, tout en sentant très vivement la nécessité de ces travaux d'histoire des religions générales, sont aujourd'hui également convaincus de l'impossibilité, pour un seul homme, d'embrasser un champ aussi vaste et recourent plus ou moins à la collaboration pour la composition de ces œuvres d'ensemble, soit dans des manuels, soit dans des collections de monographies[1], soit dans des Revues (*Revue de l'histoire des religions*, depuis 1880 ; *Archiv für Religionswissenschaft*, fondée en 1898, par Achelis, mais n'ayant pris son véritable essor qu'à partir de sa transformation par Usener et Dieterich en 1904).

Nous sommes ainsi revenus à ce qui avait été mon point de départ dans la leçon d'ouverture :

---

[1]. Voir *Hibbert Lectures*, *Gifford Lectures* et de nombreuses autres fondations anglaises.

ce que peut et doit être l'histoire générale des religions étudiée au point de vue purement historique. Dès le premier jour vous avez pu voir, en effet, que c'est à cette École historique que je me rattache ; elle me touche ainsi de trop près pour que je sois en état de l'étudier d'une façon objective. J'ai connu trop intimement quelques-uns de ses plus éminents représentants pour pouvoir les juger, et beaucoup de ceux qui sont encore à l'œuvre aujourd'hui sont mes collaborateurs. Je dois me borner à énoncer les principes qui nous guident et les conclusions qui ressortent pour nous de la revue de l'histoire des religions dans le passé, à laquelle nous avons consacré les leçons de ce printemps.

Pour les adeptes de l'École historique, la base de l'histoire des religions est l'étude aussi précise, aussi minutieuse, aussi critique que possible de chaque religion particulière. Mais puisque l'expérience a prouvé qu'il est impossible de connaître vraiment une religion particulière, c'est-à-dire de la comprendre et d'en saisir l'évolution, sans connaître les autres religions avec lesquelles celle que l'on étudie a été en relation, ni même sans avoir des notions sur les religions étrangères à celle-ci, parce qu'elles peuvent contribuer par des analogies et des rapprochements à en éclairer l'interprétation, il faut donc superposer à l'étude directe de chaque religion déterminée ou de chaque groupe de religions, l'étude accessoire des autres religions. En d'autres termes, l'histoire générale des religions est nécessaire à l'intelligence de l'histoire des religions particulières.

Cette histoire générale des religions sera fatalement, à cause des capacités limitées de l'esprit, une histoire du second degré, c'est-à-dire qu'elle utilisera les histoires des religions particulières faites par des spécialistes pour en faire la synthèse, pour les rapprocher les unes des autres et les éclairer les unes par les autres. Il est désirable cependant que l'historien des religions ait fait lui-même des études personnelles et directes sur une ou plusieurs religions, qu'il ne s'abandonne pas à l'esprit généralisateur avant d'avoir appris par lui-même à pratiquer la méthode historique, analytique et critique, dans une province particulière de l'histoire religieuse. Car, si l'histoire générale des religions est nécessaire à l'intelligence d'une religion déterminée, il est extrêmement dangereux d'aborder ces études générales avant d'avoir acquis l'expérience de la méthode historique et critique rigoureusement appliquée sur certains points particuliers. C'est pour avoir négligé cette préparation austère et difficile qu'il y a tant de personnes qui font de l'histoire des religions fantaisiste et qui discréditent nos études. Beaucoup s'imaginent que, quand il s'agit de religion comme quand il s'agit de politique, tout le monde est qualifié pour en parler. C'est une grande et dangereuse erreur.

L'histoire générale des religions, d'après l'École historique, doit être encore, non seulement indépendante de tout parti-pris confessionnel, religieux ou antireligieux, — cela va sans dire, — mais encore de tout esprit de système philosophique. C'est là la grande leçon qui ressort de la revue du passé ; nous avons vu que dans toutes les écoles il y eut une part de vérité et une part d'erreur, que le tort de toutes a été de vouloir tout ramener à un système unique : allégoristes ou symbolistes, évhéméristes de l'antiquité ou des temps modernes, dialecticiens du moyen âge ou de la spéculation moderne, partisans de la révélation primitive ou de la religion naturelle, rationalistes et mystiques, philologues fondant l'étude des religions sur la philologie comparée ou sociologues la fondant sur l'analyse des rites et des institutions, anthropologistes et folkloristes, tous ont mis en lumière des faits, enrichi notre connaissance du passé, expliqué certains groupes de phénomènes que les autres ne font pas aussi bien comprendre. Tous aussi ont trop abondé dans leur propre sens.

Il y a des mythes et des doctrines allégoriques, il y a des dieux qui sont des hommes divinisés, ou des abstractions personnifiées, il y a des dégénérescences dans l'histoire religieuse comme dans tous les autres domaines de la vie humaine ; il y a une logique ou une dialectique interne dans l'histoire religieuse, à condition qu'on la laisse s'en dégager au lieu de prétendre la lui imposer ; il y a une disposition religieuse naturelle de l'esprit humain, mais elle s'exprime de façons très différentes ; il y a des mythes qui résultent de la fausse interprétation des noms traditionnels ou de l'infirmité du langage, et bien plus encore de l'interprétation inexacte des rites et des symboles ;

il y a des chapitres entiers de l'histoire religieuse qui ont pour objet les mythes, les croyances, les doctrines, et d'autres qui, tout aussi légitimement, ont pour objet les institutions, les pratiques, le culte ; il y a le culte des ancêtres et le culte des génies et des dieux de la nature.

L'erreur c'est de prétendre chaque fois faire rentrer toute l'histoire religieuse dans son système. L'École historique n'a pas de système : elle les applique tous suivant les cas, là où ils conviennent, suivant les temps, le milieu social, l'état intellectuel et moral. Elle sait que le tempérament religieux des hommes varie suivant les climats, les races, et, dans le même pays et la même civilisation, suivant le degré d'instruction, suivant les aptitudes individuelles.

Elle se refuse à établir des divisions massives dans l'histoire religieuse, comme si tous les hommes d'une même période dans un même milieu appartenaient nécessairement à la même phase du développement religieux. Il y a des primitifs jusque dans les sociétés de haute civilisation et des individualités d'une portée religieuse supérieure dans des populations encore peu développées. — C'est pour cela qu'elle réclame la collaboration d'une psychologie

14.

religieuse éclairée (William James, Wundt, l'école psycho-physiologique française).

Elle n'a pas la prétention de tout simplifier. Elle reconnaît, au contraire, que la vie est beaucoup plus complexe que ne le supposent les esprits systématiques, qui se représentent la végétation naturelle disposée comme un jardin de Le Nôtre.

Elle se refuse enfin à tout parti-pris. L'histoire des religions, l'histoire loyalement pratiquée est la grande pacificatrice sur le terrain religieux. J'en fais l'expérience depuis vingt ans. Il n'y a pas une histoire des religions catholique, protestante, libre-penseuse ; il n'y a qu'une seule histoire des religions, scientifique, qui ne cherche pas à prouver une thèse, respectueuse de toutes les consciences, ne faisant appel qu'à la raison, n'invoquant que la lumière des faits, ne dédaignant rien ni personne et n'ayant d'autre ambition que de faire connaître les choses telles qu'elles sont, afin que tous en fassent leur profit.

INDEX DES NOMS D'AUTEURS CITÉS

Achelis, 234.
Acosta, 76.
Akbar, 68.
Al-Berouni, 68.
Alphandéry, 3.
Anquetil-Duperron, 98, 125, 180.
Apollodore, 49.
Aristote, 49.
Arrien, 50.
Assemani, 99.
St Augustin, 50, 63, 64.
Bacon (Roger), 71, 153.
Banier, 78.
Baronius, 75.
Barth, 194.
Basnage, 75.
Bastian, 218.
Baur (Chr.), 103, 156, 174, 175.
Bayle (P.), 88.

Beausobre (de), 75.
Bellarmin, 75.
Benfey, 219.
Bergaigne, 194.
Bernard (J.-Fr.), 78.
Blondel, 75.
Bochart, 77.
Bonald (de), 110.
Bopp, 181.
Bossuet, 81.
Boucher de Perthes, 181.
Bouglé, 221.
Bréal (Michel), 188.
Brian, 75.
Broca, 181.
Brosses (de), 96, 98, 209.
Brunet, 207.
Bunsen (von), 127.
Burnouf (Emile), 180, 188.
Burnouf (Eug.), 181, 182.
Buxtorf, 75.

INDEX DES NOMS D'AUTEURS CITÉS

Cabanis, 92.
Cappel, 75.
Carpenter (E.), 85.
Cazelles, 203, 205.
Champollion, 180.
Channing, 31.
Chantepie de la Saussaye, 233.
Chateaubriand, 159.
Cherbury, 82-83.
Cicéron, 45.
Clermont-Ganneau, 169.
Colebrooke. 180.
Collins, 84.
Colomb (Christophe), 79.
Comte (Aug.), 178.
Constant (Benj.), 126, 209.
Court de Gébelin, 93, 157.
Creuzer, 156, 157; 163, 170, 171, 175.
Critias, 53.
Ctésias. 48.
Cuse (Nicolas de), 71.
Dachery, 75.
Daillé, 75.
Dale (van), 77, 96.
Darmesteter (A.), 188.
Darwin, 144.

Démocrite, 56.
Diaz del Castillo (Bernal), 75.
Diderot, 92.
Dieterich, 234.
Diodore de Sicile, 50, 54.
Diogène de Laerte, 49.
Dugat (G.), 76.
Dupuis, 93-95, 157, 193.
Durkheim, 221.
Elard, 218.
Empédocle. 56.
Ennius, 55.
Ernesti, 103.
Euhemeros, 54.
Evans (A.), 180.
Fa-hien, 68.
Farnell, 208.
Fénelon, 81.
Feuerbach, 155, 156.
Fichte, 121, 145.
Fontenelle, 96, 209.
François-Xavier, 76
Frazer, 207.
Fronton du Duc, 75.
Fustel de Coulanges, 201-203, 205.
Gaidoz, 194, 208.

INDEX DES NOMS D'AUTEURS CITÉS

Galilée, 89.
Gennep (van), 207.
Gerland, 207.
Gieseler, 228.
Goblet d'Alviella, 40, 168, 169, 234.
Gœthe, 121.
Götze, 120.
Grant Allen, 207.
Grégoire XV, 76.
Grimm (frères), 218.
Grotefend, 180.
Grotius, 75.
Gruppe, 53.
Guigniaut, 156, 170.
Guimet, 98, 234.
Guyau, 221.
Hardy, 40, 76, 98, 203.
Harnack, 103.
Hartland, 208.
Hartmann (von), 153.
Hase, 103, 228.
Hegel, 143-155, 163, 172, 174, 178.
Helvétius, 92.
Héraclite, 53.
Herder, 119-127, 136, 148, 158.

Hermippus, 49.
Hérodote, 48.
Hiuan-Tsang, 68.
Holbach (d'), 92, 94.
Holtzmann, 103.
Horst Stephan, 121.
Hottinger, 75.
Hubert, 221, 233.
Huet (P.), 88.
Hume, 85, 86.
James (W.), 223, 240.
Jastrow (M.), 40, 234.
Jevons, 207.
Jordan, 40.
Josèphe, 50.
Julien (Stan.), 180.
Jurieu, 77.
Justin, 63.
Kant, 119, 121, 145, 179.
Kepler, 89.
Kircher, 77.
Kuhn (Adalbert), 188.
Labbé, 75.
La Grue, 78.
Lajard, 169.
Lamarck, 144.
La Mettrie, 92.
Lang (A.), 215.

Las Casas (Barth. de), 76.
Lazarus, 221.
Lecky, 82.
Le Clerc, 75.
Le Cointe, 75.
Lehmann, 207, 212-213.
Leibniz, 101, 120-121.
Lenain de Tillemont, 75.
Lessing, 104, 120, 132, 136, 148, 158.
Lévy (Isidore), 233.
Lightfoot, 75.
Limborch, 75.
Lippert, 203.
Lipsius, 103.
Lobeck, 171.
Locke, 83, 86, 101.
Lucrèce, 55.
Lulle (Raymond), 70.
Mabillon, 75.
Maistre (J. de), 110.
Mangou, 69.
Mannhardt, 218.
Mansi, 99.
Marco (Polo), 70.
Marillier, 207, 210, 220.
Maury (A.), 170.
Mauss, 221.

Meillet, 183.
Meiners, 125.
Ménant (Mlle), 98.
Ménard (Louis), 163.
Meyer (Hugo), 218.
Meyer (Paul), 218.
Michaelis, 103.
Michelet, 99.
Monte Corvino (Jean de), 70.
Montfaucon, 75.
Morin (Jean), 75.
Mortillet, 181.
Müller (Max), 129, 182-199, 205
Müller (Otfried), 171, 228-231.
Muratori, 99.
Newton, 86, 89.
Oldenberg, 194.
Oppert, 180.
Orelli (von), 233.
Paris (Gaston), 218.
Parker (Théod.), 31.
Parmentier, 207.
Paul le Jeune, 215.
Pausanias, 50.

INDEX DES NOMS D'AUTEURS CITÉS

Pearson, 75.
Pennafort (Raymond de), 70.
Pfleiderer, 233.
Petau, 75.
Philostrate, 51.
Picard (Bernard), 78.
Pitré, 218.
Platon, 56.
Pline, 49.
Plutarque, 50, 57.
Porphyre, 51.
Pott, 181.
Prodicus, 56.
Quinet (Edgar), 121, 127.
Rawlinson, 180.
Reimarus, 104.
Reinach (Salomon), 96, 169, 171, 182.
Renan, 233.
Réville (A.), 75, 233.
Ricci (Matthieu), 76.
Ross, 78.
Roth, 188.
Rousseau, 95, 96, 124, 159.
Rubruquis (Guillaume de), 69.
Sabatier (A.), 129, 174.

Sacy (Sylvestre de), 180.
Sahagun (Bern. de), 75.
Schelling, 145, 191.
Schiller, 121.
Schlegel, 181.
Schleiermacher, 119, 127-144, 148, 154, 159, 162, 173, 175, 180, 191.
Schwartz (W.), 188, 218.
Sébillot (P.), 218.
Selden, 77.
Semler, 103.
Shaftesbury, 85.
Simon (Richard), 75.
Simrock, 218.
Sirmond, 75.
Smith (Robertson), 77.
Socrate, 31.
Soung-Yun, 68.
Spalding, 104.
Spencer (Herbert), 55, 191, 203-206, 212.
Spencer (John), 77.
Spener, 100.
Spinoza, 87, 120, 121, 146.
Steinthal, 221.
Stiebel, 207.

Strabon, 50.
Strauss (D. Fr.), 103, 156, 172-174.
Teller, 104.
Tertullien, 63.
Théopompe, 49, 57.
Thomassin, 75.
Tiele, 233.
Tindal (Matth.), 85.
Toland, 84.
Torquemada (Juan de), 75.
Toutain, 165, 207.
Tylor (E. B.), 207.
Usener, 234.
Usher, 75.
Varron, 49-50.

Vera, 150.
Vico, 99.
Vitringa, 75.
Volney, 92-93, 153.
Voltaire, 89-91, 97.
Voss (J. H.), 171.
Vossius, 75; 77.
Waitz, 207.
Walton, 75.
Wette, 103.
Wieland, 121.
Wolff, 101, 120.
Wundt, 223, 240.
Xénophane, 53.
Yl-Tsing, 68.
Zwingli, 73.

TABLE DES MATIÈRES
DU TOME XXXIII

LES PHASES SUCCESSIVES DE L'HISTOIRE DES RELIGIONS

	PAGES
Avertissement	I
Introduction	1
Chapitre premier. — L'Histoire des religions dans l'antiquité	39
Chapitre II. — L'Histoire des religions depuis l'avènement du christianisme jusqu'à l'apparition du rationalisme	61
Chapitre III. — Le rationalisme du XVIIIe siècle	81
Chapitre IV. — Révélation primitive et religion naturelle	107
Chapitre V. — Les rénovateurs de l'étude des religions : Herder et Schleiermacher	119
Chapitre VI. — Hegel. L'École symbolique, l'École mythique	143
Chapitre VII. — L'École philologique	177
Chapitre VIII. — L'École anthropologique	201
Chapitre IX. — L'École historique	225
Index des noms d'auteurs cités	241

www.ingramcontent.com/pod-product-compliance
Lightning Source LLC
Chambersburg PA
CBHW070629170426
43200CB00010B/1951